小公司求生术

打破运营困境,把不可能变为可能

赵涛 赵彦锋◎著

江西美术出版社
全国百佳出版单位

图书在版编目（CIP）数据

小公司求生术 / 赵涛，赵彦锋著 . -- 南昌：江西美术出版社，2020.1
ISBN 978-7-5480-6898-3

Ⅰ.①小… Ⅱ.①赵… ②赵… Ⅲ.①中小企业—市场营销学 Ⅳ.①F276.3

中国版本图书馆 CIP 数据核字（2019）第 044367 号

出 品 人：周建森
企　　划：北京江美长风文化传播有限公司
策　　划：北京兴盛乐书刊发行有限责任公司
责任编辑：楚天顺　李小勇
版式设计：尹清悦
责任印制：谭　勋

小公司求生术
XIAO GONGSI QIUSHENG SHU

著　　者：赵　涛　赵彦锋

出　　版：江西美术出版社
地　　址：江西省南昌市子安路 66 号
网　　址：www.jxfinearts.com
电子信箱：jxms163@163.com
电　　话：010-82093808　　0791-86566274
邮　　编：330025
经　　销：全国新华书店
印　　刷：北京柯蓝博泰印务有限公司
版　　次：2020 年 1 月第 1 版
印　　次：2020 年 1 月第 1 次印刷
开　　本：710mm×960mm　1/16
印　　张：13
ISBN 978-7-5480-6898-3
定　　价：49.80 元

本书由江西美术出版社出版。未经出版者书面许可，不得以任何方式抄袭、复制或节录本书的任何部分。

版权所有，侵权必究

本书法律顾问：江西豫章律师事务所　晏辉律师

前言
Preface

　　小公司是指注册资金少、人员少、销售额少、产值少的公司。在"大众创新，万众创业"的今天，很多人投身商海，走上创业的大道。通过注册公司资质、招兵买马等一番准备工作，一家小公司便问世了。但是如何经营公司，如何在强手如林的市场中寻求一席生存之地，让公司顺利地扬帆起航，在商海中乘风破浪前行，很多小公司的管理者却感到心中没底，一片茫然。

　　在风起云涌的商业时代，中小公司像雨后春笋般地涌现，但是大浪淘沙，能在市场上生存下来的公司却为数不多。据统计，中国每年约有100万家公司倒闭，相当于平均每分钟就有2家公司倒闭。约60%的公司在5年内破产，约85%的公司在10年内消亡，能够生存3年以上的公司大约只有10%。一些小公司的平均生命周期约2.9年。

　　不仅小公司的生命周期短，能做强、做大的小公司更是寥寥无几，小公司基本进入了第一年创立、第二年赚钱、第三年倒闭的恶性循环。

　　这样说来，小公司在市场上就没有生存土壤，无法打破"三年倒闭"

的死循环吗？事实并非如此。一样的小公司，一样的市场环境，有的小公司经营困难重重，逐渐走向消亡；有的小公司办得风生水起，不断壮大。个中原因值得每一位小公司的管理者深入思考和反省。

本书总结了市场上小公司经常会遇到的一些问题，这也是导致很多小公司陨落的关键原因：

一、急功近利。做事业要瞄准的是未来，要能看到潜在的收益，不能幻想仅凭一次促销就换回巨大的效益，一个广告投放就把品牌打响。

二、安于现状。一些小公司可能运营稳定，于是从领导到员工每天忙忙碌碌，安于手头的业务，心满意足。殊不知，市场形势瞬息万变，不管大公司还是小公司，要想长久经营下去，就一定要抬头看路，不断地根据市场情况做规划，让公司不断成长。

三、没做好人才培育。人才是公司最宝贵的资源，没有一批能征善战的员工，公司就难有大作为。很多小公司不是没有招聘到人才，而是没有很好地培育人才，甚至无法留住优秀人才。

四、缺少创新。如果小公司推出的产品或服务同质化严重，就会缺少竞争力，湮没在市场中。

当今时代，知识更新的浪潮汹涌澎湃，网络电商异军突起，市场竞争的程度日益加剧，种种情况对小公司的生存提出了更多更高的挑战。作为小公司的管理者，要时刻保持清醒的头脑和忧患意识，以一种"永远战战兢兢、永远如履薄冰"的态度来经营公司。应对扑面而来的各种挑战，要一手抓公司经营，一手抓员工教育，同心同德，群策群力，苦修内功，夯实根基，持续不懈地增强公司的实力，提升公司的竞争力，把公司打造成一座固若金汤的城堡，任凭市场风浪的冲击，始终傲然屹立！

对于小公司来说，生存第一，发展第二。《小公司求生术》紧扣小公司的经营特征，立足中国本土小公司的生存现状，结合国外一些优秀公司的管理技巧，从市场定位、创业初期的坚守、产品质量的打磨、经营思维的创新、市场危机的应对、资金渠道的开拓、学习型团队的塑造等诸多层面，深入浅出地探讨了小公司生存所遇到和要解决的问题，同时提供了一系列有针对性、实用性、操作性的生存技术。

本书的宗旨不在于为小公司的管理者提供一把解决公司生存问题的万能钥匙，而是试图通过探索分析和案例总结，为管理者指点迷津，让管理者在公司经营的征途中绕过误区，少走弯路，步子迈得更坚实、更迅速。具体的技能应用则要靠管理者在实践中灵活运用和发挥创造。

一手将阿里巴巴从西湖畔一家默默无闻的小公司打造成世界第一大电子商务公司的马云说过："今天很残酷，明天更残酷，后天很美好。"作为小公司的管理者，要发扬艰苦奋斗、艰苦创业的精神，用自己生命的微光引领并激励全体员工发愤图强、砥砺奋进，去迎接公司明天的灿烂朝阳！

目 录
Contents

第一章　定位术：开拓公司的第一块疆土

创业办公司，你想好了吗　// 002

眼光有多远，公司就能走多远　// 004

定位：找到公司在市场的立足点　// 006

越陌生越危险，生意不熟不做　// 008

在自己熟悉的领域建立根据地　// 009

创业突破口：做自己最擅长的事　// 011

好目标助创业旗开得胜　// 013

小公司确定经营方向八原则　// 014

小公司确定经营方向要规避的误区　// 015

小公司选择创业项目的技巧　// 017

小公司初创时期的规划技巧　// 019

第二章　坚守术：挺住，活下来，赚钱

创业之路寂寞而漫长　// 022

活下来，要有输得起的大胸怀　// 024
熬过创业黑暗期，迎接耀眼的朝阳　// 025
像坚持初恋一样坚持梦想　// 028
只有偏执狂才能生存　// 030
不忘初心，苦心经营　// 032
渴望成功的信念之火永不熄灭　// 033
办公司，不盈利是可耻的　// 034
利润高于一切：活下来，先赚钱　// 036
先活下来，再成长为长寿公司　// 037

第三章　造品术：十年磨一剑，打造公司生命线

质量是小公司的命根子　// 040
小公司要强大，靠质量说话　// 042
以质量抢市场，以质量争客户　// 043
推行精细化管理，精益求精做公司　// 046
做足细节，开启从0到1的质变　// 048
质量零缺陷，将错误率降到零　// 049
追求完美，永无止境　// 051
沉心静气做品牌，厚积薄发树招牌　// 054
小公司做专做精的"六不"原则　// 057
苦练内功，走实力强企之路　// 059

第四章　融资术：为公司输入源源不断的"血液"

抓牢资金链，不让公司"断血"　// 062
管理者要提高自己的融资能力　// 064

瞅准机会，融资手到钱来　　// 065

小公司融资术一：向亲朋好友借钱　　// 066

小公司融资术二：利用人脉筹资　　// 068

小公司融资术三：向银行申请贷款　　// 070

小公司融资术四：申请风险投资　　// 072

小公司融资术五：租赁融资　　// 074

小公司融资，步子不要迈得太大　　// 075

管理者如何与投资方进行融资谈判　　// 077

小公司融资的若干"注意"事项　　// 078

第五章　流量术：小公司经营要有点互联网思维

小公司要懂的"粉丝经济学"　　// 082

想办法让小公司变得好玩起来　　// 084

打造一个有吸引力的微信公众号　　// 087

小公司如何利用微博获取流量　　// 091

打通线上线下，做好用户体验　　// 094

小公司App引流的三大模式　　// 096

巧用数据细分定位目标客户群　　// 098

小公司直播带货快人一步　　// 100

第六章　创新术：自我"蜕皮"，脱胎换骨焕生机

从小作坊到大公司：苹果创新之路　　// 106

创新是小公司强大的必由之路　　// 109

驾驭好创新的"三驾马车"　　// 110

小公司创新的三大突破口　　// 113

小公司产品创新三术：新、奇、特　　// 114

可以允许失败，但不允许不创新　　// 116

自我"蜕皮"，脱胎换骨　　// 118

与众不同辟蹊径，引领创新浪潮　　// 120

小公司要走自主创新的路子　　// 123

打破条条框框，小公司也有大气象　　// 124

小公司要有点创新思维　　// 127

第七章　破危术：永远战战兢兢，永远如履薄冰

创业不易，守业更难　　// 130

永远战战兢兢，永远如履薄冰　　// 131

做"雄鹰"，不做"鸵鸟"　　// 133

在"冬天"保持春天的心态　　// 135

敲响警钟，营造"冬天"意识　　// 137

危机到来，你准备好了吗　　// 139

小公司应对危机的基本战术　　// 141

绝境重生，将危机转化为契机　　// 142

变在变之先，驾驭危机这个"魔怪"　　// 144

居危思进，星火燎原防微杜渐　　// 146

第八章　精进术：全员学习，走在时代的前列

满足现状是厄运的罪魁祸首　　// 150

学习，让公司保持领先的优势　　// 152

公司要成长，员工先成长　　// 154

倾力打造一个学习型团队　　// 157

学习型团队要修炼的五项技能　// 159

"充电",成为商场上的"常胜将军"　// 160

把员工培养成"全能战士"　// 162

树立一个目标,然后共同去冲刺　// 164

优胜劣汰,让员工跑起来　// 167

没有超能员工,只有超强团队　// 169

用生命的微光,在茫茫黑暗中艰难引领　// 170

第九章　长青术:不求世界百强,只求百年老店

盲目扩张埋隐患:三株倒塌的启示　// 174

胃口太大,就会"消化不良"　// 175

不要犯急功近利的"短视病"　// 177

小公司要提防"大公司病"　// 179

将小舢板绑成航空母舰是"穷折腾"　// 181

一砖一石垒造公司的大厦　// 183

打"持久战",而非"闪电战"　// 185

打好根基,让"飞轮"转起来　// 186

把公司做小,把利润做大　// 188

不背包袱,不扛大旗,稳步前进　// 191

不求世界百强,只求百年老店　// 192

第一章

定位术：

开拓公司的第一块疆土

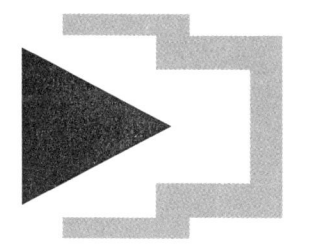

商海茫茫，公司如林，市场形势风云变幻，商场争斗此起彼伏，小公司如何找到自己的生存空间，又该如何与大公司抗衡？

古人云："谋定而后动"，公司创立前，要对市场进行细致地观察和分析，看清自己的优势和劣势，找到自己的发展方向。定位定天下，精准定位，是小公司成功发展的第一步。确定了方向，小公司就找到了自己在市场的立足点，发掘出适宜自己生存的土壤，进而逐步建立起自己的根据地，打下公司的一片江山。

▶ 创业办公司，你想好了吗

据一组调查数据显示，中国的公司，尤其是开始创业的小公司，能坚持到3年以上的不超过10%，而创业的失败率逼近90%。为什么我们的创业者"出师未捷身先死"，其中有一个很严肃的问题，就是我们单凭一腔热情去创业，而没有去做深入的思考：今天我们创业了，明天我们的公司是生是死？

作为小公司的创立者，不仅不能回避这个问题，还必须要有一种高瞻远瞩、未雨绸缪的思维习惯。

为什么我们要这样战战兢兢，如履薄冰？因为我们所处的这个大环境和领域，可能每天都有新的变化，如果我们不深思熟虑，不想远一步，公司可能过了今天却熬不过明天。

一种产品，一投放到市场就火了，外行看热闹，但其实"火"的背后是有规律的，比如公司精准的市场定位、高超的营销策略、对消费心理的挖掘等，它之所以受欢迎，就是因为它解决了这个行业里其他产品没有解决的问题。

要想找到公司发展的方向即寻找到行业需求，是需要时间沉淀，需要仔细观察的，跟管理者的知识、经验以及对市场的把握度有密切的关系。

如果将公司经营的方向搞错了，无论你投入多少资金、人力，市场也不会买账，那么盈利也只能是一厢情愿的想法。

不仅经营方向的选择很重要，而且时机的选择也很重要。如果太早，市场不成熟，还没有培育出大量的需求，此时进入市场，消费者感到很陌生，自然没办法接受产品，所以，太早容易成为"先烈"。而太晚，大量跟风者涌入之后所面临的就是市场饱和、需求减少的局面。

此外，在确定公司经营方向后，还要把握好公司的发展节奏。公司的发展节奏，就是指管理者对公司发展阶段、每个阶段目标的把握。如果没有节奏的把握，最容易出现的问题是一味地贪大，不切实际地扩张，或者是不认输、不放弃，盲目地坚持，南辕北辙，最后血本无归。

当你坚持了一段时间后，公司依然是苟延残喘，那就需要重新考虑当初的方向、目标与市场定位是否需要修订。

如果方向是正确的，那么你的坚持就是成功最重要的力量，但如果方向是错误的，那迎接你的就是失败的深渊。虽然，失败是给成功交的学费，但是，能以最少的学费学到最多的东西才是明智的做法。

如何确定公司的经营方向？有一个最根本的原则，即不是你想做什么，而是这个行业具体的需求，当你对行业需求挖掘得越深、越细时，你在实际经营公司过程中提供的服务或产品就越能得到市场的认同、受到消费者的欢迎。

▌ 眼光有多远，公司就能走多远

当今世界，经济动荡不定，公司的经营环境发生了剧烈变化。我们正处在淘汰别人或被别人淘汰的大变革时代。要在这样激烈竞争的时代生存与发展，仅仅靠组织好公司内部的生产、经营，已远远不够。因此，高效的公司发展规划、精准的市场定位在当前异常激烈的竞争环境中显得尤其重要。

从一定意义上说，今天的公司已进入战略竞争的年代，公司管理者的战略眼光已成为现代公司竞争成败的核心因素。因此，如何在激烈动荡的市场竞争中拥有超前的经营眼光，制定和执行正确的公司经营和竞争战术，已经成为决定公司能否立于不败之地的关键。对于小公司来说，也不例外。

对于小公司的管理者来说，必须具有长远的经营眼光，能够发现别人所不能发现的赚钱机会。哪个领域市场是有潜力的，哪一个产品是受消费者欢迎的，谁能首先发现并开拓市场，谁就能在竞争中占得先机和优势。

柳传志在创业初期历尽艰辛，在PC机经营初现生机时他就萌发了研制自己品牌微机的想法。还在1989年的时候，柳传志就给联想制定了一个战略发展的指导思想：第一，我们要办一个长期的公司，办老字号；第二，联想要有规模，要大到最后足以能跟世界500强比；第三，我们要的是高技术领域，不能再在发展领域发展。

纵观全球的商业巨子们，他们的成功无不得益于其高瞻远瞩的经营眼光。先说20世纪初美国商人威廉·胡佛，1908年，当他认识到汽车必将取代马车成为人们的代步工具后，毅然放弃他正为马车配套生产皮革制品的生意，转而生产真空吸尘器，他的决定引发了一个巨大的真空吸尘器市场；CNN总裁泰德·特纳以独特眼光，首开24小时不停歇播报新闻节目的先河；比尔·盖茨的深远眼光从把WINDOWS软件与IBM计算机捆绑销售中表现出来；迈克尔·戴尔的敏锐眼光则表现在抓住网络展开网上直销的先机。他们过人的眼光时时提醒人们：保持与时俱进的思想正是其眼光敏锐的温床。

这种战略眼光除了智慧灵光般地闪现，还展现出这些领导人坚定的决心和公司上下因此而形成的强大凝聚力。从他们身上不难看出，任何一个成功的公司，要么有最精准的市场定位，要么有最出色的产品，要么采用了最恰当的生产、销售方式。随后，为抢占市场而采取攻击性营销策略；为保住市场而对客户"甜言蜜语"；为了保持活力而不间断地对内部进行整顿；为取得社会认可而对外展现自身的文化和价值观。

小公司要生存，要持续成长，管理者必须深谋远虑，必须有长远的经营眼光，确定公司的发展方向，明确公司的市场位置，确立公司的发展重点，制订清晰的生产计划并有效地实施。

没有方向指引的公司，生命力是短暂的。小公司创立之初，如果在经营定位上不准确，那么在经营过程中就会遭受挫折，甚至可能一蹶不振，难以东山再起。管理者只有具备长远的发展眼光，才能顺应时代发展的潮流，抓住机遇，加快发展，为公司插上腾飞的翅膀。

▎ 定位：找到公司在市场的立足点

定位设计是公司成长的路径，准确的定位是对公司未来发展方向的描述和构想，是公司成长和发展的原点。一个好的定位是创建成功公司的开端。没有准确的定位就不可能有高效的管理经营，也就不可能有出色的公司。

从某种角度来说，小公司初创时期的定位，是后续一系列经营活动的指南针。小公司要想在公司云集的市场丛林中立足，并获得发展，定位很重要。定位是为了解决公司发展的方向、目标问题。小公司经营要有正确的方向，要灵活地运用规模化和差别化原则，要坚持专、精、特、新。公司发展要有中长期目标，定位准确，才能取得成功。

阿里巴巴集团创始人就曾说过："公司的发展首先是定位要准确，其次是人才的选拔，再一个是要有团结协作的团队精神，以及勤奋学习的工作态度。阿里巴巴之所以能在短短的时间里成为上市公司，发展到旗下有7家公司，近9000名员工的公司。这并不是我们比别人勤奋，比别人聪明，关键是定位准确，抓住了发展机遇。"

许多管理者在刚开始创办公司的时候都会犯一个错误，希望每个人都来用我的产品和服务，但是很难实现。定位要准确才能做好，做定位最忌讳的是面面俱到，一定要记住重点突破，所有的资源在一点突破，才有可能赢。

成也定位，败也定位，定位事关公司经营的成败。据统计，世界上1000家倒闭的大公司中，有85%是定位失误造成的。在我国加入世界贸易组织和经济全球化的大背景下，竞争就在"家门口"，在这样激烈的竞争中生存与发展，小公司如何把握主动，取得相对的竞争优势，定位尤其重要。作为小公司的创立者，在进行公司的定位时要目光远大，要站在市场竞争的大环境中去把握，仔细分析自己的优势、潜力、弱点和难点。

具体如何进行定位？

要想定位准确，需要摸清并掌握四个方面的情况。

一是市场需求的走向。要做好市场调查、市场分析、市场预测。既要掌握当前适销的产品是什么，又要分析未来适销的产品是什么。

二是政策环境的分析与预测。要尽可能了解宏观经济的全局，并利用当前的经济形势，预测未来的政策走向。

三是同行业的竞争态势。尽可能知道别的同行在想什么、做什么、争取什么，知道他们有什么、无什么、谋划什么。

四是本公司的家底是什么。包括资本是什么，资源有什么，发展靠什么，优势、劣势是什么，等等。公司的经营定位准确了，才能够支持公司可持续发展。

目前，中国公司的市场竞争已经从单一的业务竞争，如产品、营销、广告等的竞争，进入战略竞争阶段，而战略定位的准确与否以及能否支持公司的可持续发展，则是事关竞争成败的重要因素。

明确的产业定位是提升公司核心竞争力的根本前提，恰当的市场定位是提升公司核心竞争力的基本途径。小公司的创业者只有为自己要创建的公司进行准确的定位，才能从容地迎接挑战，获得发展机会，提升公司的核心竞争力。

越陌生越危险，生意不熟不做

生意场有一句很流行的话：做熟不做生。

这句话能流行自然有它的道理，创业领域没有好坏之分，只有适合与不适合。每个人都有各自的优势和特长，小公司的创立者必须认真分析自己的特点，找到适合自己做的事业，才能达到事半功倍的效果。而选择从自己熟悉的领域入手，是一条捷径。特别是在公司创立初期，能否做下去在很大程度上取决于创业者对这个项目的熟悉程度。如果创业者坚持涉足自己并不熟悉的领域，就一定要慎之又慎。

许多小公司的创立者在选择经营方向的时候都会犯难，于是常常会咨询亲朋好友、同事、专家，请教创业培训机构，而他们给创业者的回答往往使一些人失望："我们不会也不能直接告诉你，我们希望靠你自己选择适合自己的方向！"是的，没有人可以告诉你"你应该从事哪个行业"，你所能得到的建议只会是一些原则，比如"越陌生，越危险"。

葛某从事药厂生产管理已经近7年，后来看到做代理商的朋友们发了，于是就和几个朋友合伙做起了地区代理，因不熟悉市场，产品选择不当，葛某不仅在此项目中一无所获，两年中还赔了10多万元，加上自己的机会成本共损失近30万元。

眼看着做代理行不通，葛某不甘心，又打算与几个朋友合伙做餐饮。他们每个人都拿出一些钱，商量着开一家酒楼。但等到200万元资金到位准备装修时，才发现200万元根本不够，无奈又各自借了很多钱。原来，大家只是想象着干餐饮有多赚钱，但真正懂行的却没有一个。由于先期没做任何预算，又对餐饮行业太过陌生，酒楼勉强经营了一段，不但没挣钱，还欠了很多外债，几个要好的朋友也不欢而散。无奈，葛某只好再次放弃餐饮业，重新进入一家保健品公司做起了老本行。

三百六十行，行行出状元。任何行业都是行家才能挣到钱，不要眼红其他人的收益，对于自己不熟悉的行业尽量不要参与。比如案例中的葛某，做熟了生产管理，却因听说做代理赚钱而改行，可是刚刚入门的他看不懂产品，也找不到合适的进货渠道，等他弄懂产品、摸清行情时，很可能市场已被他人捷足先登，甚至还有可能已吃进了大批一百年也卖不出去的垃圾产品，赔得一塌糊涂。

所以，小公司的创立者在选择行业的时候，一定不要像案例中的葛某一样选择自己不熟悉的行业，而是要选择自己了解的行业。

▌在自己熟悉的领域建立根据地

"创业"现在仿佛成了街头巷尾的热门词，尤其是在年轻人中间，不想上班、不想受管束、想当老板过把瘾、找工作有困难的人……都想去创业，可结果呢？大多数创业者铩羽而归，以失败告终，这到底是因为什么？一句话：创业有风险，行动需谨慎。

这么说并不是反对人们去拼去闯，但是有冲劲儿并不代表一定能成功，有闯劲儿并不代表一定能闯出一条路。没有方向，一个劲儿地向前冲，向前闯，就是盲目，就是莽撞。如此创业，很少有能成功的，多以失败而告终。

办公司创业的过程其实就是一个从自己熟悉的领域不断向外渗透、扩展的过程。在自己熟悉的领域创业，不仅能缩短在摸索中学习的过程，节约宝贵的时间，同时也能最大限度地降低创业失败的风险。

王军原来在某家大公司做一个小领导，经人一撺掇，头脑发热就要自己创业。当时，他看到满大街的人穿着时尚的皮革服装，就想当然地以为利用当地的皮革原料——生皮便宜的便利条件，自己开一家服装皮革公司，肯定能赚大钱。王军的朋友劝告他："皮革市场你了解吗？最起码怎么挑选生皮你都不知道，更别说制造皮革的工艺了。另外，技术人员、机器设备的购买、维修等这些都是问题。在这些问题未解决之前你不要轻易去创业。如果你真对这个感兴趣，那不妨再深入观察、研究一段时间，甚至是亲自到皮革厂上上班，感受一下。"但是，王军被自己幻想中创业成功的前景刺激着一路向前不回头。

结果怎么样呢？自然是他掉坑里了。由于缺乏对皮革行业的了解，他购买的生皮价格超过别人许多；高薪聘请来的技术人员的技术根本不过关，损失了大量的原料；不了解药料的价格，买回的削皮药料价格高得离谱……王军虽然有热情、有毅力，也能吃苦，但他的皮革公司最后还是以失败收场，不仅花光了家里所有的积蓄，还影响了妻子原来的服装生意，而且由于忙于创业，他忽略了对孩子的管教，致使孩子无心学习，成绩一落千丈……原本幸福的家庭，开始变得争吵不断。这一切都是盲目创业惹的祸！

没有充分深入的了解，贸然创业，成功的概率可以说是微乎其微。

创办公司，要从自己最熟悉的领域开始做起，不要怕一开始的生意小、赚钱慢，只要你想做好，就肯定有成功的机会。

如果你想成功，全世界都会帮你，前提是，你得先知道自己适合做什么，才有成功的机会与可能。这是每个小公司的创业者要记取和把握的。

▌ 创业突破口：做自己最擅长的事

对于创业的成功，比尔·盖茨曾说过这样一句高度概括的话："做自己最擅长的事。"

微软公司创立最初，只有比尔·盖茨和艾伦两个人，他们最大的长处是编程技术和法律经验。两个人立足于自己的长处，成功地奠定了在这个领域的坚实基础。在以后的20多年里，他们一直不改初衷，"顽固"地在软件领域耕耘，任凭信息产业和经济环境风云变幻，从来没有考虑过涉足其他经营。结果是，他们有了今天的成就。

如果我们用心去观察那些卓有建树的创业者，就会发现，他们都有一个共同的特征，就是心中有一把丈量自己的尺子，知道自己该干什么，不该干什么。有了自知之明，就可以扬长避短，然后再抓住发展机遇，这个世界上便有了"塑料大王""汽车大王""钢铁大王"等公司巨人。

正如一个国家选择经济战略一样，每个人都应该选择自己最擅长的创业项目，做自己最擅长的事。换句话说，当你在与人相比时，不必羡慕别人，因为你自己的专长对你才是最有利的，这就是经济学强调的"比较利益"。

耐克正式命名是在1978年，到1999年它的销售额已达到95亿美元，跨入《财富》500强行列，超过了原来同行业的领袖品牌阿迪达斯、锐步，被誉为当时近20年来世界上最成功的消费品公司。

耐克成功的重要因素之一，是它的"中间商"品牌路线。为了显示自己在市场方面的核心优势，它不建立生产基地，自己也不生产耐克鞋，而是在全世界寻找条件最好的生产商为耐克生产。它选择生产商的标准是：成本低，交货及时，品质有保证。这样，耐克规避了制造业公司的风险，专心于产品的研究与开发，快速推出新款式，大大缩短了产品的生命周期。

耐克的另一成功要素是传播。它利用青少年崇拜的偶像如迈克尔·乔丹等进行传播，还利用电子游戏设计耐克的专用游戏。每当推出新款式，就请来乐队进行演奏，传递出一种变革思想和品质。耐克的传播策略使其品牌知名度迅速提升，从而建立了具有高度认同感的品牌资产价值。

耐克的成功在于：它专注于做自己最擅长的事——设计和营销，把不擅长的事——生产和物流交给别人去做。

对于小公司的创业者来说，无论你的创业项目是什么，都应该问自己这样一个问题："这真的是我所擅长的吗？"只有做自己擅长的项目，你才更容易成功！

▎好目标助创业旗开得胜

创业经营公司必须有一个明确的目标，要明确达到一个什么样的结果。小公司的创立者在制定经营目标时要遵循一定的原则，不能随便制定一个根本不现实的目标。

经营目标一定要易于操作且实用有效。

按常理讲，只有通过努力能够达到的目标，才能称得上是真正的目标，才是真正有意义的目标。为什么制定目标一定要易于操作呢？因为在公司的创业之初，生存是当务之急，此时如果制定的目标难以操作或者根本就不能操作，势必会造成人力、财力的巨大浪费。而在公司创立之初，无论是财力还是人力浪费，往往都影响着公司的生存和发展。对于创业者来说，制定了难以操作或者根本不能操作的创业目标，无疑是在给自己和公司的生存出难题。

相反，如果创业者制定的目标易于操作，容易达到，不仅能迅速解决公司的生存问题，提高公司的生存能力，还可以制造旗开得胜的局面，借此鼓舞士气，从而促使公司迅速进入正常的运行轨道。因此，小公司的创立者在选择创业方向、制定经营目标时，一定要注意制定一些易于操作的目标。

那么，什么样的经营目标才算是易于达到、易于操作的目标呢？一般而言，易于达到、易于操作的经营目标具备以下几个特点。

（1）目标具体明确，看起来不似是而非。

（2）长期目标和短期目标相结合。

（3）目标有明确的完成期限。

（4）目标符合自己的实际情况，符合自己的人生观和价值观。

（5）目标有一定的保留余地。

（6）目标简洁而不贪多。

当然，以上列举的只是一般意义上的易于达到、易于操作的经营目标的条件而已。各行各业都有自己的独特点，每一个创业者面临的情况各不相同，因此创业者在依照这些条件和标准去制定易于达到、易于操作的目标时，还应该结合自己公司的具体情况。只有这样，才能在公司创立之初制定出真正的易于达到、易于操作的经营目标，才能使公司更易生存下来，更易进入正常运营的轨道，从而为公司的持续发展打下坚实的基础。

小公司确定经营方向八原则

公司经营方向的构想，往往是新创办的公司或对公司进行大规模调整之时的选择。所以，首先就要确定经营的基本方向。选择正确的公司经营方向，是公司经营中的"重中之重"，是公司发展的第一要务。

作为小公司的创立者，在确定公司的经营方向时，要遵循以下八条原则。

（1）公司的经营方向要适合国家长远规划和市场需求，避免盲目性，紧跟市场最新动态。

（2）搞清楚公司应该在什么行业经营，经营方向及经营范围是什么，服务的对象是谁，应选择对公司发展和生存最有利的、发展最有前途的行业经营。

（3）找出最能发挥公司特点和优势的行业，尽可能地开发与本公司的生产工艺、技术水平等相适应的产品，不要轻易离开本公司的长处从事完全陌生的事业。

（4）要保持灵敏的商业嗅觉。

（5）选择别的公司有美好前景的经营方向。

（6）寻求多种能和自己的经营范围起协调作用的经营方向。

（7）服务面越宽，公司的经营就越容易稳定。

（8）收集大量有价值的信息，从中得到启示。

在明确了公司经营方向之后，公司才能够游刃有余地在复杂的市场环境中集中全部财力、物力、人力、信息等各种资源，取得辉煌的业绩。

▌ 小公司确定经营方向要规避的误区

创办公司，成功的关键之一在于对经营方向的选定，因此经营方向的选择一定要慎之又慎，不能凭自己的想象和一时的冲动，而要经过多方面的调查，权衡利弊，做出正确选择。

小公司创立者在确定公司的经营方向时，要把握以下"四不"原则。

1. 不能凭想象

联邦三林世贸工艺品制作服务公司业主王彬在自己创业前，曾就读于某高职工艺饰品专业，后又在工艺制品厂工作多年，凭着自己的一技之长，走上了创业之路。靠原本积累的技能，通过自己的努力，赢得了饰品加工服务的市场，取得了创业的成功。拿王彬的话来说：创业要做自己熟悉的项目，才有取得成功的充分把握和机会。与王彬不同的是，联邦浦兴山水化学保洁服务公司业主黄凤娜，原本学的是美术专业，搞过动漫制作，也曾有过自己的工作室，但后来的创业经历，却是"阴差阳错"，从事小区的保洁服务项目，而且凭借她"做事先做人"的创业经验取得成功。

在被问及创业成功的感受时，黄凤娜说："要善于做市场需要的项目，尽管这样做对自己会是个挑战，但容易取得成功。因为只有市场需要的，才是自己需要努力的，这就是机会。"

2. 不能只看眼前

不少公司创立者都有一种急功近利的心理，在创业之初一心只想着赚钱，只顾眼前的利益，而忽视长远的发展。只会考虑眼前利益，不长远打算和规划，创业之路就会越走越窄，一旦出现意外，管理者就会猝不及防，无法应对和摆脱危机，公司最终就会被商海的惊涛骇浪吞没。

所以，在创立公司初期一定要慎重选择一个适合自己又有发展前景的项目。良好的开端是成功的一半，选择一个好项目，你的公司就有了正确的发展方向。

3. 不能冲动

办公司创业需要有激情，但激情不等于冲动。一家名为联邦顺风服饰的服务公司，由于选择的项目定位不准确，采购进来的服装卖不出去，资金无法流转，亏损额越来越大，使自己对未来的创业路究竟该怎么走缺乏信心。业主对遇到的境遇感慨万千："全是冲动惹的祸。"

其实，选择经营项目，只要稍做些分析，结合自己的实际能力和市场需求，多听听创业指导专家的分析，就可以避免因一时"冲动"而出现的不良后果。

4. 不要哪热闹往哪挤

小公司创立者的求稳心理较重，往往会抱着别人做啥我做啥，走一条无风险、稳赚钱的经营之路的心理。创业求稳无可非议，但是哪儿热闹往哪挤、跟风创业、趁热投资则是不可取的。趁热投资不是去面对一个同行业的市场巨人，就是去收拾人家已无油水的残羹剩饭。也许这正是不少人看到人家赚钱而自己干却赚不到钱的关键。

任何时候都不能盲目跟风，即使是热门生意也不见得人人都能赚钱。在公司创立时，你选择的项目与自己过去的从业经验、技能、特长和兴趣爱好越吻合，越有内在和持久的动力，成功的可能性越大。

▶ 小公司选择创业项目的技巧

无疑，公司创立之初选择的经营项目至关重要。那么，小公司的创立者怎样才能选择到好的创业项目呢？

市场形势千变万化，究竟做什么项目，完全要取决于创业者自身的选择和正确的把握。

1. 见缝插针，巧占市场空白

经济愈发达，社会愈进步，人们的需求就愈细化，因此，小额投资者应该独辟蹊径，致力于经营"人无我有"的商品和服务，巧占市场盲点。如经营与大商店商品配套、相补充的商品；在三百六十行之外开辟擦洗、接送服务等新的行业；针对时间经营的空白开设商店、饭店、新奇特商店、夜市等，为消费者提供多层次的便利服务。

2. 快速反应，船小掉头快

经营环境常常是瞬息万变的，市场行情此一时彼一时。小本经营船小掉头快，只要时刻保持清醒的头脑，面对市场变化有灵敏快捷的反应，抢先抓住稍纵即逝的机遇，一定能够实现本小利大的目标。

3. 薄利多销，不压货

俗话说得好：三分毛利吃饱饭，七分毛利饿死人。利润微薄，价格降低，在竞争中以优势招引客户，实现薄利——多销——赚钱目标。小公司经营资本相当有限，最怕造成商品积压，资金周转不了，成为死钱，包袱越背越重，影响下一步的经营，形成恶性循环。

4. 有利即卖，赚钱心不要太切

赚大钱是许多人的梦想。但大多数人终其一生却难以梦想成真。这是什么原因呢？是因为他们赚钱心太急切，小钱不想赚，大钱挣不来。曾有位百万富翁说过，小钱是大钱的祖宗。生活中不少腰缠万贯的人当初就是靠赚不起眼儿的小钱白手起家的。

小公司初创时期的规划技巧

创办并管理一个公司要有动机、欲望和天分，也需要研究和计划。像下棋一样，创业的成功始于果断和正确的起步，虽然最初的失误不是致命的，通过技能训练和努力工作可以重新获得优势。

小公司初创阶段，花时间探讨和评价你的公司和你个人的目标，可以增加创业成功的机会。据此可以建立帮你达到这些目标的详细周密的经营计划。

首先，在开始之前列出你要创办公司的各种原因。

创立公司的一些最普遍的原因有。

（1）你想自己当老板。

（2）你想财政独立。

（3）你想有创新自由。

（4）你想完全展示你自己的技能和知识。

（5）然后需要决定：哪个领域适合你创业。

试回答下面的问题。

（1）我想干什么？

（2）我学习过，发展过哪些技术技能？

（3）我还擅长什么？

（4）我是否获得了亲友的支持？

（5）我有多少时间运转为成功公司？

（6）我的爱好和兴趣是否有商业价值？即含有可市场化的，可销售的成分。

（7）确定你的公司的经营范围。

下面的问题可以指导你做一些必要的调查研究。

（1）我对什么行业有兴趣？

（2）我将销售什么产品或服务？

（3）我的生意是否现实，它是否满足或适应了某种需求？

（4）我的竞争对手是谁？

（5）与现有的公司相比，我的公司的优势是什么？

（6）我能提供高品质的服务吗？

（7）我能为我的公司创造一种需求吗？

编制你的创业计划前的最后一步是：再列一个清单，问自己诸如下面这样一些问题。

（1）我有哪些技能和经验可以带入(用于)新公司？

（2）哪种组织结构对我的公司最适合？

（3）需要哪些设备和物资？

（4）我的资源有哪些？

（5）我需要从何处获得资金？

（6）需要防范哪些风险，以及如何防范？

（7）我将如何给自己付酬？

（8）我的公司位于何处？

（9）我的公司名称是什么？

你的回答将有助于你编制一份有针对性的，经过充分调查研究的商业计划。这个商业计划可视为一个蓝图，它应详述公司如何运作、经营、管理和被资本化。

第二章

坚守术：
挺住，活下来，赚钱

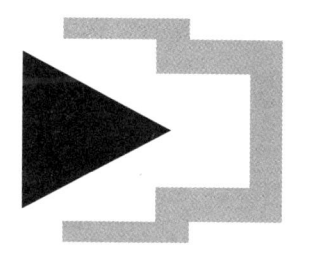

"今天很残酷，明天更残酷，后天很美好，但是绝大多数人死在明天晚上，见不到后天的太阳。"小公司如何突破创业初期的艰难局面，熬过残酷的明天，迎来朝阳初升的后天？

还是马云说得好："小公司的战略就是两个词：挣钱，活下来！至少在创业阶段，最重要的是先挣到钱，保证公司活下来，然后再考虑进一步发展、壮大的问题。"小公司创立初期的经营战术就是——挺住，活下来，赚钱。

▶ 创业之路寂寞而漫长

李嘉诚说过:"创业的过程,实际上就是恒心和毅力坚持不懈的发展过程,其中并没有什么秘密,但要真正做到中国古老的格言所说的勤和俭也不太容易。而且从创业之初开始,还要不断学习,把握时机。"

为什么现在人们喜欢创业?因为创业成功后带来的改变不仅是金钱与时间,还包括社会地位的提升,更重要的是创业成功部分地实现了个人对社会的价值。这种自我价值实现的满足感才是人们争先恐后去创业的深层次的原因。同时,许多创业成功的典范也在时时激励着我们,比如马云、马化腾、李彦宏、张朝阳等,这些人的创业成功的经历不仅给我们提供了思维,还给我们打了满满的鸡血——心有多大,舞台就有多大。

其实,我们只看到了他们创业成功后的风光,而他们创业的曲折与艰辛只有他们自己才能体会和明白。

创业办公司,对于个人而言,其实是一场漫长的修炼。一旦踏上创业之路,就像被套上了红舞鞋,要身不由己地一直旋转下去。

在创业的路上,我们不知道自己明天会遇到什么,甚至也无法预料目前所做的选择,对公司的将来是利还是弊。创业的过程就是每一个创业者不断地自我吸收、提升、成长的过程,在这个过程中,创业者不仅需要面对创业过程中的种种艰辛与困境，还要有面对失败重新来过的勇气与坚韧。此外，创业者还需要在短暂的成功面前保持冷静与理智，以淡定的心态为公司的发展寻找更好的机遇。

创业要重视过程胜过结果，这样才能从不同的角度解读你面临的困境，甚至是创业的失败。而你对创业失败的心态与视角，往往决定了你未来的创业日子能否顺利成功。

创业是一个持续付出的过程，先有付出，然后才有收获。当然，有些付出不是马上就有回报，或者这些回报不是我们想象中那样的，甚至是我们不曾察觉到的。

创业办公司往往是一场孤独而漫长的修炼，任何人在走上创业之路时，都应该有充分的思想准备，我们的目标是什么？为实现这个目标，我们需要做怎样的努力？我们愿意为创业付出哪些？时间？精力？体力？金钱？当面临困境时，当所有人不支持不理解自己时自己还能否坚持？如果回答都是肯定的，对各种结果都有了充分的准备，那就行动吧！

自省精神是创业者必备的精神，在面临失败时我们固然要反省，但在成功面前，公司的自省精神尤为可贵。这种自省能让我们保持应有的谨慎，能让我们不断地修正自己的言行、思想，从而修正公司发展的方向，绕开许多暂时看不见的暗礁，将公司未来的隐患排除掉。

▶ 活下来，要有输得起的大胸怀

创业办公司最需要的准备是什么？资金、技术、人才、管理经验、激情，这些都需要，但最需要的还是心态和胸襟，一种"输得起"的心态与胸襟。

创业不是赌博。经常有人传说某企业家，孤注一掷地坚持一个项目，千帆过尽后，眼看就要山穷水尽，可恰好突然有人对他的项目感兴趣，于是爽快投资，结果，该公司家就此打了一个漂亮的翻身仗。

不能否认，这种情况确实存在。善于抓住机会，是成功不可或缺的能力。但是，作为普通的创业者，特别是小公司的创业者，我们其中大部分的人，这种能识别机会并且善于抓住机会的能力，并不十分突出。

创业者需要面对的结局无非两个，成功或者失败。而只有经得住失败，才能担得起成功。说到底，输得起，其实也是一种抗挫折能力，体现的不仅是创业者的胸襟，还有他的意志力。

在美国斯坦福大学的商学院与工学院里，你听不到"失败"这个词，他们称之为"试错"。也就是说，我们今天做的许多事情都可能是错误的，但这种错误并不是失败，而是通向成功之路的尝试。正是这种对失败的包容态度，才造就了硅谷这样伟大的创业圣地。

有人曾经说过一句话："没有失败，只是暂时没有成功。"无论是在创业之初，还是之后拓展业务时遇到了困难，都要用这句话来勉励自己。其实，失败与成功从来都是可以相互转化的，所谓"福兮祸之所伏，祸兮福之所倚"，古人很早就揭示了失败与成功、祸与福的辩证关系。

当然，我们身处的社会对失败可能还达不到那样的宽容程度。不过，即使他人不理解，我们也要淡然面对失败、宽容失败。只有这样才能从失败中学到有益的东西，避免再次失败。

马云说过："男人的胸怀是委屈撑大的。"一个人能扛起多大的压力与委屈、担得起多大的失败，才能担得起多大的成功。

创业办公司不要怕失败，怕的是让失败成为内心的阴云，因为这样便失去了失败的意义。失败是我们向未来的成功交的学费。不纠缠过往的失败，将其作为自己创业过程中上交的学费，平静地接受失败，然后再充满激情地重新开始，这是作为一个成功企业家必备的素养。

▶ 熬过创业黑暗期，迎接耀眼的朝阳

阿里巴巴的主要创始人马云曾经说过这样一句话："今天很残酷，明天更残酷，后天很美好，但大多数人都死在明天晚上，见不着后天的太阳。"

创办公司是一种光荣的事业，也是一项艰难的事业。创业的过程从来都不是平坦的，而是充满曲折的，可以说困难一个接着一个，简直让你应接不暇。创业成功的人不见得有多么专业的水平，但他们一定有非常坚强的意志，那些在常人看来迈不过去的槛，他们会选择迎难而上逐一突破，

最终冲破黑暗，迎来朝阳。

马云的创业历程可谓一波三折，充满坎坷。

1992年，还是杭州电子工业学院的青年教师的马云，开始萌生自己创办公司的梦想。他找了几个合作伙伴，风风火火地创办了杭州第一家专业的翻译机构——海博翻译社。

刚开始的时候举步维艰，第一个月翻译社的全部收入才700元，而当时每个月的房租就是2400元。于是好心的同事、朋友就劝马云别瞎折腾了，就连几个合作伙伴的信心都发生了动摇。但是马云没有想过放弃，为了维持翻译社的生存，马云开始贩卖内衣、礼品、医药等小商品，跟许许多多的业务员一样四处推销，受尽了屈辱，受尽了白眼。整整三年，马云用推销这些杂货赚来的钱维持翻译社的生存。1995年，翻译社开始盈利。现在海博翻译社已经成为杭州最大的专业翻译机构，虽然不能跟如今的阿里巴巴相提并论，但是海博翻译社在马云的创业经历中也增添了一笔浓重的色彩。

海博翻译社给马云最大的启示就是永不放弃。即使没有钱，只要你永不放弃，你就可以取得成功。

1995年，马云第一次在西雅图上互联网，登陆一个搜索网站，他输入"Chinese"的关键词，但是当时的搜索答案是"no data"（没有数据），因为当时的中国还没有接入Internet，所以在当时的马云看来，在浩瀚无比的互联网世界里，偌大的中国也只是空白。不安分的马云随即又萌生一个想法：做一个网站，把国内的公司资料收集起来放到网上向全世界发布。这个梦想促使马云开始下海创业，创办了"中国黄页"。

中国黄页在创办初期，开支大，业务又少，最凄惨的时候，公司银行账户上只有200元现金。但马云以不屈不挠的精神，克服了种种困难，把营业额从0做到了几百万元。虽然后来中国黄页被杭州电信收购了，但中国黄页的创业历程对马云来说，依然是成功的。

1999年1月15日，马云和他的团队悄然南归。1999年1月，马云谢绝了新浪和雅虎的邀请，带领18位志同道合的朋友一起南归杭州创业。尽管只有50万元的创业资金，但马云首先花了3000美元从一个加拿大人手里购买了阿里巴巴的域名。他们没有租写字楼，就在马云家里办公，最多的时候一个房间里坐了35人。他们每天工作16~18小时，像着魔一般在马云家里日夜不停地设计网页，讨论网页和构思，困了就席地而睡。马云不断地鼓动员工，"发令枪一响，你不可能有时间去看对手是怎么跑的，你只有一路狂奔"；又告诫员工"最大的失败是放弃，最大的敌人是自己，最大的对手是时间"，阿里巴巴就这样孕育、诞生在马云家中。

1999年3月，阿里巴巴正式推出，逐渐受到媒体、风险投资者关注。马云在拒绝了38家不符合自己要求的投资商之后，于1999年10月接受了以高盛基金为主的500万美元投资，又在2000年第一季度接受了软银的2000万美元的投入，由横空出世、锋芒初露，到气贯长虹、势不可当，直至成为全球最大网上贸易市场、全球电子商务第一品牌，并逐步发展、壮大为阿里巴巴集团，成就了阿里巴巴帝国。

马云创业的成功，除了得益于其个人魅力外，很大一部分原因在于他具有坚持到底、永不言弃的精神。即使在阿里巴巴最困难的时候马云依然坚持自己的梦想不动摇。最终，阿里巴巴熬住了，活了下来，并且成了当时全球最大的公司电子商务网站。

今天很残酷，明天更残酷，后天很美好，关键在于你能否熬过明天，坚持到后天。作为小公司的创业者，无论你现在创办的是什么公司，无论你面临着怎样的困难，无论你离梦想还有多远……请坚持下去并全力以赴，那么等待你的将是最美、最耀眼的朝阳！

▰ 像坚持初恋一样坚持梦想

小公司要获得持续的发展，首先要求创业者有一个远大的梦想。创业者首先要有一个梦想，这点很重要。

1986年，段晓雷离开宏碁公司，独自一个人开着他那辆二手的厢型车上路，开始了未知的美国创业之旅。

刚开始的一两个礼拜，段晓雷每到一个小城镇，第一件事就是到加油站，问当地附近哪里有中国餐馆，然后去餐馆找老板闲聊，了解当地华人社群的概况。

他想，要做生意一定有进货，有进货就一定有发货仓库。问到这些资讯后，他就到发货仓库去批一些货，装在他的二手厢型车后座带回。他卖的东西从装饰灯、婴儿学步机到手推车，什么都有。平时，他到警察局去登记，一整天只要付10美元，就可在街角摆个地摊，做起生意来了。星期三和星期六，他移师到跳蚤市场去摆摊，6元批发来的东西可以卖到15元，利润相当不错。

幸运的是，段晓雷身处硅谷这样一个创业之城，没有人会嘲笑失败，也不会因此就不再给创业者尝试的机会。创业的想法一直在段晓雷心中作祟，他时常回忆过去几次创业的经验。

第一次创业，可以说是为创业而创业，没有营运计划书，完全是土法炼钢式的，几个朋友掏点钱，做点小买卖。

第二次创业，微软的视窗系统刚推出来时速度还很慢，于是他想到要做视窗加速器。结果，硬件做出来了，软件却没能跟上，功亏一篑。

第三次创业，他去重整Tiara公司。这公司有两个产品，一是点对点的区域网络软件，一是网络卡。但就在公司完成重整的那天，段晓雷还记得很清楚，微软突然宣布将网络功能内建在新版视窗中，同时台湾也推出了单晶片网络卡，使成本大减，市价从原来一片叫价70~80美元，一下子掉到20美元。一夜之间，公司的两个主力产品市场消失，也只好黯然收场。

Tiara后来并购了Internex，转型成为上线服务业者（ISP）。

1996年初，段晓雷创立了Above Net，资金并不宽裕。他选好办公地点，但并没有那么多钱付房租。他直接找上房东并告诉他，他带来了两个消息：一个是好消息，一个是坏消息。好消息是，他要向房东租房子，而且一租就是30年；坏消息是，他并没有钱付房租。段晓雷说服房东让他用股票换房租，解决了现金流量不足的问题。

Above Net于1998年10月在纳斯达克挂牌上市，到1999年11月中股价为37美元，市值达57.8亿美元。

四次创业经历，段晓雷一步一步走得辛苦、孤寂，但他从没有放弃自己的梦想，像坚持初恋一样坚持自己的梦想，以一种令人难以言喻的固执坚持着，失败了，爬起来，继续走，一直到成功为止。

马云也曾说过他成功创业的原因，其中第一个就是"梦想"。因为梦想，因为坚持，最终他取得了成功。马云这样说过："2001年网络泡沫破灭时，我记得那三十几家公司现在全部关门了，只有我们一家还活着。我们是坚持初恋的人，我们是坚持梦想的人，所以能走到今天。"

小公司的管理者在创业之初，必须要有一个梦想。有了梦想之后，在创办公司的过程中还必须坚持下去。在最困难的时候还要熬得住。只有坚持梦想不放弃，熬住了，当机会来临时成功才会随之而来。

▶ 只有偏执狂才能生存

有这样一群人，他们坚持一种信念，不会放弃，不怕挫折，一生只想做好一件事。他们偏执、痴迷、疯狂，也许承受着屡次失败的经历，但他们不屈不挠地隐忍着、坚持着。他们是一群偏执者，但也往往是创业的成功者。

英特尔公司创始人、前任总裁和CEO安迪·格鲁夫说过一句著名的话："只有偏执狂才能生存。"这句话本身就是一句偏激的话，因为偏执与人的生存并没有直接关系。这句话的真正意思其实是：一个人只有坚持不懈、坚忍不拔，在追求理想的过程中能顽强地坚持再坚持，才能成功；或者更进一步，在思考问题时将自己推向绝境，将问题设置到极端的地步，我们才不会被生活和工作中的表面现象蒙蔽眼睛，才能真正地找到问题的最佳解决方案，才能不断创新，走向卓越。

"偏执狂"是一种"疯子"哲学，是一种精神，是一种专注。

"偏执狂"在中国人看来，不是疯子就是傻子，或者是刚愎自用者的代名词。事实上，取得巨大成就的人往往是这些越来越多的"偏执狂"。

在每一个成功的企业家身上，人们几乎都能找到"偏执狂"的基因。从分众传媒的创始人江南春，到互联网网游界的"红星"史玉柱，再到阿里巴巴的创始人马云，这些成功的企业家无不具备偏执狂的特点，他们始终如一地坚定自己的信念，绝不轻易放弃。

对于小公司的创业者来说，像这些成功者一样，如果你能做一个坚定不移的"偏执狂"，会让你在创业过程中多一些毅力、少一些失败。

当然，你也需要注意到，"偏执狂"的优点是毅力很顽强，多大的困难都压不垮，但偏执狂最大的问题就是往往坚持了错误的方向，这对于创业者来说是致命的。所以创业者必须意识到，该不该坚持比能不能坚持有时候更重要。毋庸置疑，创业是需要坚持的，在自己有优势的行业和领域也是需要坚持的，但具体选择什么样的商业模式则是需要创业者不断反思和调整的。

创业是需要一点"偏执狂"的精神的。这种"偏执狂"不是盲目的偏执，而是一种大胆的想象、坚定的忘我的专注的执着。把自己的主要精力和时间放在热爱的事业上，把能量发挥到最大，取得的效果也会最佳。

不过不管怎样，对于抱有梦想的创业者来说，一定要有极强的抗挫折能力，要知道，只有百折不挠的人才能最终胜利。如果你确定你的创业方向是正确的，那就彻彻底底做一个"偏执狂"吧！

▶ 不忘初心，苦心经营

格力电器总裁董明珠一直把踏踏实实做事的"工匠精神"作为格力的发展信条之一。"工匠精神"包含两个方面：一是要在技术研发和自主创新方面多干实事、少说空话、长期作战，要耐得住寂寞；二是要关注消费者的根本需求。

小公司的创立者要以董明珠为榜样，一定要有良好的经营心态，要耐得住寂寞，经得起诱惑，稳扎稳打，进退有度，这样公司才能获得稳健的发展。

1. 少说空话、多干实事

喜欢靠"捷径"赚钱的公司，管理者往往好大喜功，夸夸其谈，说得多、做得少，容易忽视产品的研制开发，最后养成了依赖他人的习惯，总想着在短时间内谋取暴利。时间久了，产品的技术跟不上市场的需求，最终被淘汰。

管理者要改变这种做法，要全心全意关注消费者需求，脚踏实地地开展公司的经营，做好公司的每一项工作，以品质和信誉来开拓市场，赢得消费者的关注。

2. 视潜心技术研发为长远效益

经营公司要耐得住寂寞，要投入巨资潜心进行技术开发。虽然在短时间内看不到效益，但从长时间来看，这种做法是非常值得的。格力在这种精神的指导下，已经取得了巨大的成功。

3. 创业者要有好心态

清华紫光老总李志强认为，做公司如做人，如果把公司规模比作人的个头，把公司利润比作人的力气，那么健康的人应该是高大而有力的。在公司成长过程中，是先长力气还是先长个头？这其实并不重要，重要的是一定要健康，心态要好。

▎渴望成功的信念之火永不熄灭

当创业的项目遭遇瓶颈，参与的合作方泄了气，公众舆论对此流露出怀疑的态度，投资者也对此项目没有了信心，不愿再投资。这时候，如果创业者缺少百折不挠的毅力，内心成功的希望之火被熄灭，很可能导致项目功亏一篑。

那么，如何在创业中始终保持热情和信心呢？可以这样做：

1. 当所有人都绝望时依然满怀信心

这种坚持不懈的毅力可以帮助你重新找到投资人，开始新一轮的尝试。

2. 鼓足勇气，重整旗鼓

有的创业者遇到了一次失败，便把它看成拿破仑的滑铁卢，从此失去了勇气，一蹶不振。可是，在刚强坚毅者的眼里，却没有所谓的滑铁卢。

3. 对原始目标不放弃、不泄气

那些一心要得胜、立志要成功的创业者即使失败，也不以一时失败为最后的结局，还会为原先的目标继续奋斗。在每次遭到失败后再重新站起来，比以前更有信心地向前努力，不达目的绝不罢休。

成功者都懂得的道理是：失败是难免的，但也是暂时的，只要有强烈的成功渴望和信念，有不达目标不罢休的毅力，一定能够转败为胜。

▶ 办公司，不盈利是可耻的

管理大师德鲁克曾说："如果一个公司的投入和产出的比值过低的话，那么公司是不负责任的，因为它浪费了社会资源。"德鲁克在他的很多著作中，都不遗余力地强调公司的经济绩效，指出公司要承担责任，首要的前提是公司必须活着，而活着的基础是经济绩效。直白地说，公司必须赚钱。

作为一个企业家、一个商人，经营的公司不盈利是"不道德"的，因为你的工作就是要创造财富，为你的员工和社会打工，为社会创造财富，你要缴纳税款，然后享受税款带给你的便利，并且也让其他人享受这种便利，所以你必须努力。

同样是互联网行业，同样是知名企业家，马云却坚决表示不做网游，他认为那是于民于己都不利的事,他也一直被认为是注重社会责任感的代表。相比较而言,有人认为史玉柱是逐利性比较强的商人,故有人向他提出疑问。

史玉柱表达了自己对平衡处理商人逐利和社会责任的关系的观点,他说:"我认为自己和马云没有任何区别,都是一样的。从公平角度,如果你把他划入好的一类,那么我也应该被划进去。如果你把他往坏的一类划,也应该把我划过去。另外,关于社会责任和商人逐利,我觉得经营一个公司,追求利润是第一位的。你不赚钱就是在危害社会,对于此我深有体会。我的公司在1996年、1997年连续亏钱,给社会造成了很大危害。当时除了银行没被我拉进来,其他的都被我拉进来了。我的损失转嫁给老百姓,转嫁给税务局。公司亏损会转嫁给社会,由社会填这个窟窿。所以我觉得,公司不盈利就是在危害社会,就是最大的不道德。另外一点,我觉得在运营公司时,第一不能违法,第二要尽量做大家认可的东西。我现在就经常跟我的团队说,要做一些有益的东西。比如我的知识问答题库,把游戏往健康的方向引导。"

公司存在的目的是什么?现在的公司经营者都普遍忘了一个最基本的命题:公司是要盈利的。不盈利的公司,浪费大量人力、财力、物力和社会资源,最后却没有创造价值,这是一种罪恶。这种罪恶的根源,与其说是管理水平低,不如说是因为经营者根本不重视利润。

所以说,公司经营不盈利是"可耻"的。这是小公司的管理者在创业之初一定要记取的一点。

▶ 利润高于一切：活下来，先赚钱

利润是公司存在的根本，没有利润，公司就不可能存活。德鲁克一再强调公司的首要任务是生存。换句话说，公司经营的首要准则不是利润最大化，而是避免亏损。但公司时常会遇到风险，所以公司必须赚到能够抵御风险的利润。作为一个公司，对社会最大的贡献就是创造利润、纳税。

对于盈利和商业道德的关系，北京大学光华管理学院的院长张维迎认为："一方面，在一个健全的市场制度下，公司追求利润、为客户创造价值以及承担社会责任之间，不但不矛盾，而且是基本一致的。利润是社会考核公司，或者说考核公司负责人是否真正尽到责任的最重要指标。没有这个指标，我们没有办法判断公司行为是损害还是帮助了社会。另一方面，在一个制度缺陷比较严重的社会中，利润可能不是考核公司行为的最佳指标。这时候我们应该想办法，让这个制度变好，使利润能够真正反映公司和企业家对社会的贡献。而不是抛开对社会制度的变革，用说教的方式解决这个矛盾。"

商业的本质就是在法律法规许可的范围内获得最大利益，而企业家的终极使命就是盈利，发不出员工工资是企业家的耻辱。公司就像是一个大家庭，必须得有钱才能维持这个家庭的开支，才能维系公司的正常运转。如果没有利润的支撑，一切美好的设想都是天方夜谭，社会责任也成为空谈。

做公司重视利润，甚至利润导向，并非要坑蒙拐骗，那不叫追求利润，那叫赚黑心钱。我们所说的以利润为目标，是在保证产品质量、合法经营的前提下，在做决策和开展经营活动时要以利润为导向，赚取阳光下的利润。公司需要决定的所有决策都是在保持品质和服务的前提下，如何使公司盈利最大化，这需要经营智慧和科学决策。不保证产品质量无疑是错的，但无限去追求质量，不考虑投入产出，则是愚蠢的；追求客户满意是对的，但不计成本地追求客户满意，也是不健康的。其实盈利的秘诀就在于如何去对各种要素进行平衡，最终实现利润的最大化。

不重视利润管理的公司是难以获得持续发展的，而所有快速而有规模发展的公司都是因为有巨大的利润做基础。

公司没有利润就不能盈利，公司生存就失去了养家活口的"粮食"，就失去了存活的依靠。小公司的管理者要有"不盈利是可耻的"的意识，两眼紧盯市场，一心想着利润，两手狠抓生产经营，把盈利当作公司经营的重点来抓。只有盈利了，公司才能生存，才有资格谈日后的发展、壮大。

▌先活下来，再成长为长寿公司

在小公司的经营管理过程中，管理者所能做到的也必须去追求的就是如何让公司活下来，如何让公司的生命周期尽可能地长久。在市场经济的大背景下，为了这一理想，管理者要不断地探索和创新，寻求长寿公司运行的内在逻辑。

那么，怎样才能让公司成为长寿公司呢？世界上的许多学者对一些长寿公司调查研究后发现，长寿公司可持续发展主要有5个方面的原因：

（1）长期保持和处理好与各种利益相关者的关系。

（2）保持竞争力。长寿公司在发展中确定自身的优势，摒弃为发展而发展的浮华路线，将自身的特色与运营路线有机结合。

（3）着眼于公司长期发展运营。很多长寿公司的董事长在谈到生意经时都说短期为10年，中期为20年，长期为30年。短期10年是指培养接班人的时间，中期20年是指自己的经营期，长期30年是指未来的规划。

（4）重视公司的可持续发展，这是公司长寿的关键。为此，公司需要重视风险管理。安全性中也包括维护公司的独立性，譬如要从外部引进资金的话，也许会使公司做大，但也会让公司受制于他人，所以考虑到自身的安全性，即使公司需要也不能轻易引入外部资金。长寿公司的领导者们深知独立的重要性。

（5）重视公司的长期稳定发展。短期的谋利是可贵的，但是必须考虑到长期稳定发展。所以长寿公司是不会为小利而放弃长远利益的。

总之，只有整合所有资源，追求事业的可持续性，小公司才能成长为长寿公司。

第三章

造品术：

十年磨一剑，打造公司生命线

小公司要生存，首先要赚钱，要有利润。靠什么赚钱？靠产品。靠什么赢得利润，靠产品质量。

公司想要成长就要做强，要做强就要先做好，要做好就要做到精，要做精先要始于专。十年磨一剑，只有专注品质、注重细节，沉心静气做品牌，厚积薄发树招牌，小公司才能在市场占有一席之地，在同行中独占鳌头。

▶ 质量是小公司的命根子

质量是公司的生命，对小公司来说，质量就是命根子。美国现代质量管理协会主席哈林顿这样描写过：现在世界上进行着一场"第三次世界大战"，这不是一场使用枪炮的流血战争，而是一场商业战，这场战争的主要武器就是质量。谁的质量好，谁就能赢得这场战争。

很多小公司成立后，在市场竞争中被迫倒闭、停产，其中最主要的因素就是产品质量差，不能满足用户需求，在激烈的市场竞争中惨遭淘汰。众多商家在推销其产品的时候想尽了各种办法，用尽了手段，比如上门推销、召开订货会、借助明星代言，用耗资不菲的资金在媒体广告上大肆宣传等，时间久了，经得起市场考验的仍旧是用户的口碑——产品的质量。

公司管理者是产品质量工作的第一负责人，管理者要引导全体员工，团结一心、共同进取、按部就班地完成好每一项工作，消除每一个环节的隐患，时刻切记产品质量就是公司的生命，在心中有数的情况下把产品生产下线，再利用科学技术进行有效的鉴定，做到在公司内部把好质量关。

在一些公司，部分员工总误认为产品质量是质量保证部的事情，是销售部门的事、是公司领导管理者的事，而正是这一错误观念在侵害着公司，在葬送公司的明天。公司内部导入市场化是提高和控制质量的手段之一。在公司内部供应链之间、部门协作之间、内部上下序之间实现完全市场化运作，一个员工就是一个市场，就是一个用户，上序质量有问题，下序可以拒绝接收。公司经营者应当引导每个员工树立质量意识，做到控制质量从我做起，不接收不良品，不发出不良品。树立市场意识，按市场规则办事，生产优质产品，才能使公司永远保持旺盛的生命力。

客户、竞争对手、成本和危机，是威胁公司生存发展的四个因素。公司经营者必须时刻准备应付各种逆境。产品就是公司需要应战的头一张牌，如何出好第一张牌？——除了全面的质量管理与持续的质量改进，别无他法。

如果说水是生命之源，那么质量又何尝不是公司的生命呢？公司以质量谋生存。小公司若想在星罗棋布的同行中立足，若不讲求质量，注重信誉，那么后果不堪设想。千里之堤，溃于蚁穴。试想，如果厂里质量把关不严格，就会生产出不合格的产品，当这些不合格的产品投入到市场，损害了消费者的利益，公司的形象将会一落千丈，产品滞销在所难免。

日月经天，江河行地，小公司创立后要想在竞争中生命不息、发展不殆，必须使全体职工增强质量意识，振兴质量，人人有责。公司以质量求发展。机不可失，时不再来，公司要发展，就是要抓住机遇，而能够抓住机遇的那一支强有力的手——质量。

总之，质量是小公司生存的奠基石，质量是小公司发展的"金钥匙"，换句话说，质量就是小公司的生命线。管理者应严把关产品质量，做成一流的产品，成为一个在市场上响当当的品牌，唯有如此，才能在竞争中乘风破浪并立于不败之地。

小公司要强大，靠质量说话

小公司要求得发展，必须在产品质量上下功夫，不断用产品质量的提高来满足消费者的需求，赢得消费者的信赖，从而在市场上站稳脚跟并获得长足的发展。

产品的质量直接影响着客户的满意度与忠诚度，而二者是决定公司利润和存亡的主要因素。质量的保证就是对公司最好的回报。没有产品质量做保证，公司必然会走向死亡。华硕总经理徐世明认为，全世界没一个质量差、光靠价格便宜的产品能够长久地存活下来。通用电气总裁杰克·韦尔奇更是鲜明地指出："质量是维护客户满意和忠诚度的最好保证，是公司对付竞争的有力武器。"

质量对公司的影响力是无法预计的。

（1）质量的保证向消费者传达了公司高度的责任心。好的质量不仅使消费者放心，而且还能赢得客户的绝对忠诚，提升市场占有率。

（2）产品质量与其美誉度呈正比。质量每提高1%，美誉度就提升0.5%。而产品美誉度又和品牌形象有着密切联系，美誉度每提高0.5%，品牌形象就提升1%。品牌形象与销售量又有着直接关系，品牌形象每提高1%，销售量就提升0.5%。依次推演，当质量提高1%时美誉度就提高0.5%，品牌形象就提高1%，销售量就提高0.5%。

管理者要将产品质量作为重要事项来抓。在抓质量的环节上可以从以下几点入手。

1. 严格进行质量把关

戴森电器公司的老总说:"我们希望我们所生产的产品不同于现有的其他产品,一定要比别人做得更好,所以我们进行新产品开发时,要确保产品的高品质和可靠性,耐久、耐用。"但凡市场上深受广大消费者追捧的和赞赏的产品,无一不是公司对产品质量严加把关和控制的结果。

2. 从失败中寻找完善产品的灵感

发现产品在使用过程中的缺点和不足,提高消费者使用产品的高满意度。关注消费者对产品的使用体验,反复寻找产品的不足之处。

3. 鼓励消费者提意见,注重消费者的体验,重视他们的反馈意见

不是用市场牵着自己的产品走,而是自己要推出比别人好的产品。

没有最好,只有更好,追求完美永无止境。打造著名品牌、奉献完美产品是小公司生产永恒的追求。

▼ 以质量抢市场,以质量争客户

当今的市场,产品的差异性已经不大,公司应该使用何种手段来提高产品的销量,增加产品的利润?很多人首先想到的是价格战,先抢占市场,把竞争对手挡在外面或是使之退出本行业。这自然是最快捷、有效的方法,但是对于初创的小公司来说是个可能办到的。那么应该使用什么方法呢？以产品质量取胜，产品的质量才是留住客户的根本手段。所以，紧抓质量关是小公司产品在市场上胜出的一个重要手段。

没有质量的保证，产品即使成功登陆了市场，生命力也是短暂的，背后潜藏着无穷的危机。只有保证产品质量，才能够得到市场的认同，才能够拥有持续的市场需求。对于创业初期的小型公司而言，提高生产和销售的规模就能够有效降低单位成本，并且在质量上得到一定程度的保证。有了质量，再有了成本的控制，就等于消灭了模仿对手的市场空间，为公司的发展争取到了独有的市场份额。

在来到广州打工4年后，22岁的招娣有了自己的梦工厂——招娣布艺制造公司。凭着青春的热情和对事业的热爱，她和她的姐妹们自己设计、加工，用一个月的时间精心做了一批造型各异、形态乖巧的布娃娃。这些布娃娃在市场上卖得出奇的好，装饰师高兴地投入了第二笔资金，并答应招娣持有公司50%的股份。就这样，招娣终于迈出了自己事业的第一步。

在商海中拼搏的人难免会沾染一些奸猾的习性，但招娣却一直以诚信作为自己人生与经商的信条，正因如此，她的客户面越做越广。

一次，公司签了一个大订单。如期交货之后，对方的50万元货款打到公司账上。高兴的招娣叫来所有部门主管，到餐厅庆贺。"终于把积压的那批棉芯清空了。"觥筹交错之间，酒性正酣的杨小英失口说道。经过招娣一番盘问，小英终于承认自己和几个姐妹将发霉的棉芯掺杂到布娃娃中的事情。"难道你就没有想过这样做有什么后果吗？"招娣放下筷子正视着小英："那些买娃娃的人可能会因为细菌而感染，若出现问题，还会有人再来买我们的娃娃吗？"这是招娣第一次对姐妹发这么大的火。

第二天，招娣就给客户打电话表示道歉，然后亲自过去解释，并将50万元支票放在客户的桌子上，诚挚地说："虽然你们不能接受这件事情，但我还是代表公司和员工向你们表示诚挚的道歉。如果你们还相信我们，我们立刻全部返工，保证一定做好。"

见对方经理半晌没说出话来，招娣就深深地鞠了一躬，然后转身离去。她的每一步都十分沉重，公司好不容易有了一笔大订单，可以有机会发展，自己却这样丢掉了，这样做究竟值不值得？这时，只听身后传来一串急促的脚步声，"陈总，您稍等一下。"是那位经理的声音，她转过身，只见对方将那张支票高高举起，"我相信你。"就这样，陈招娣以自己的真诚重新赢得这个客户，并且和他们公司建立良好长久的合作关系。

千万不要有侥幸心理，别试图欺骗客户。即使只有一次，也可能使你信誉扫地。客户现在也许不会发现，可以做成一笔生意，但以后呢？不出问题则已，一旦出了问题，责任谁能承担得起呢？创业之初，公司在和客户来往时一定要保证品质，让客户觉得你可以信赖，否则真的是前途堪忧，发展起来也会困难重重。

小公司规模不大，但经营眼光要长远。公司如何从暂时的落后逐步走向成熟，产品质量是重要的一环。作为小公司管理者的你，经营思想是品质为先吗？

推行精细化管理，精益求精做公司

汪中求先生在他的著作中指出：现代管理科学的细化程度，远远赶不上现代化生产和操作中的细化程度。随着社会分工的越来越细和专业化程度的越来越高，一个要求精细化管理的时代已经到来。

一个公司要想获得成功，不是干过多少事，而是干成多少事，尤其是在哪几件事上做得极端出色。只有做到极端出色，公司才拥有最好的屏障，公司才具有竞争力，才能在市场大潮中获得胜利。而要做到极端出色，就必须实施精细化管理，以精益求精的精神来做好公司的经营，做好每一件事情，做好每一件产品。精益求精是成就公司的核心竞争力。

日本人的精细为其产品赢得了全球极高的美誉度。所以，细节工作在日本公司中是至关重要的。丰田汽车公司前社长丰田喜一郎认为，公司最为艰巨的工作不是汽车的研发和技术创新，而是生产流程中一根绳索的摆放，要不高不矮、不粗不细、不偏不歪，而且要确保每位技术工人在操作这根绳索时都要无任何偏差。

精益求精是小公司发展壮大应有的态度，管理者要以精益求精的态度来做公司，自始至终地推行精细化管理。

什么是精细化管理？精细化管理的最基本特征就是重细节、重过程、重基础、重具体、重落实、重政策，讲究专注地做好每一件事，在每一个细节上精益求精，力求取得最佳效果。

具体来说，如何才能做好精细化管理呢？管理者可从以下几个途径着手。

1. 从细节上强化管理

以"干好每一件小事,注重每一个细节"为主题,组织员工对日常工作行为进行自查、梳理,找出工作中容易忽视的问题和薄弱环节。从内部环境、办事流程等各方面查漏补缺,提出改进措施。在创新方面,推行创新工作项目细节化管理,细化每个工作步骤,分解各个环节任务,将责任落实到科室和个人。

2. 从细节上优化管理

以形成长效管理机制为目标,健全责任制、过错及投诉追究制、评价制等制度。通过建立细节化管理的运行体系,制定全覆盖、多层级、高标准的目标体系,细化各项制度、工作流程和操作规范,以细节的精细化实现整体细节化管理,通过严格执行、监督、考核、奖惩,充分发挥员工的积极性、主动性和创造性,实现工作效率和工作实绩的最大化。

3. 杜绝一切细小的错误

如果发现公司有不合理的现象,要立刻设法铲除,不可姑息。对产品同样,不要因为是自己做的有了毛病就讳而不宣,等到让消费者发觉,那受损害的就不只一个人了,很可能连公司的名誉、信用也受到拖累。不要忽略一些细小的错误,否则就有可能付出惨重的代价。

小公司要想获得生存,要想长盛不衰,唯有以精益求精的态度来治理公司。做足细节的功夫和锤炼公司的细节执行力,应该成为每个小公司获取核心竞争力的必由之路。

做足细节，开启从0到1的质变

小公司只有注意细节，在每一个细节上做足工夫，建立“细节优势”，才能保证基业长青。

作为世界上著名的动画片制作中心的迪士尼公司，就十分善于从细节上为观众和客人提供优质服务，从而使游人在离开迪士尼乐园以后仍然可以感受到。他们通过调查发现，平均每天大约有2万名游人将车钥匙反锁在车里。于是他们抓住了这个细节，公司雇用了大量的巡游员，专门在公园的停车场帮助那些将钥匙锁在车里的游客打开车门。无须给锁匠打电话，无须等候，也不用付费。正是这样一个小小的细节，让成千上万的游客感受到迪士尼公司无微不至的服务。

迪士尼公司的服务意识与其产品一样优秀，因为公司内部流传一种“晃动的灯影”理论。所谓“晃动的灯影”，这也是迪士尼公司公司文化的一部分。这一词汇源自该公司的动画片《兔子罗杰》，其中有个人物不小心碰到了灯，使得灯影也跟着晃动。这一精心设计，只有少数电影行家才会注意到。

但无论是否有人注意到，这都反映出迪士尼公司的经营理念一直臻于至善。从而使迪士尼公司越来越深入人心。

细节造就完美。世上不可能有真正的完美，但无论公司也好，人也好，都应该有一个追求完美的心态，并将其作为生活习惯。目前，很多管理者虽然有远大的目标，但在具体实施时由于缺乏对完美的执着追求，事事以为“差不多”便可，结果是由于执行的偏差，导致许多“差不多的计划"到最后一个环节已经变得面目全非。

管理者经常面对的都是看似琐碎、简单的事情，却最容易忽略，最容易漏洞百出。其实无论公司还是个人有怎样辉煌的目标，如果在每一个环节的连接上，有一个细节处理上不到位，都会被搁浅，从而导致最终的失败。只有在"大处着眼，小处着手"，与"魔鬼"在细节上较量，才能达到管理的最高境界。

将每一个细节都做到极致，就形成了特色。有特色才能生存，才能壮大。细节无处不在，对于小公司来说，注重细节、搞好细节，公司的发展就实现了从0到1的质变。

▶ 质量零缺陷，将错误率降到零

如果给质量下个定义，可能10个人会有12个答案。长期以来，人们都认为质量就意味着好，是奢侈的东西、闪光的东西或者身份的象征；因此，它是无形的、难以衡量的东西，只能仁者见仁、智者见智；人们也因此认为的确存在一种"经济"质量，即一分钱一分货；而且还认为，所有的质量问题都是由一线的职工造成的，质量部门必须要为质量问题负责。但是，"零缺陷"的创始人克劳士比曾给质量简明有效地定义为："符合要求"。

所谓"零缺陷",就是要把在产品质量管理工作中可能出现的质量缺陷或错误降低到零。这种管理方法最早是由美国学者克劳士比在1961年提出的。克劳士比指出:"酿成错误的因素有两种:缺乏知识和漫不经心。知识是能估量的,也能经由经验和学习而充实改进;但是漫不经心却是一个态度问题,唯有经由个人彻底的反省觉悟,才有可能改进。任何一个人只要小心谨慎、避免错误,便已向'零缺陷'的目标迈进了一大步。"

20世纪60年代初,克劳士比率先在马丁·马丽埃塔公司实行"零缺陷的质量管理",一年后,这家公司的不良产品减少了54%,第2年再减少25%,共节约165万美元。1963年,美国通用电气公司在各生产部门也推行了"零缺陷质量管理"。1964年,美国国防部把"零缺陷质量管理"计划正式列入防御制度,并建议全国军需公司都采用这种管理方法。很快地,这种管理方法便在美国公司风行。从1965年开始,日本管理协会与"日本电器"合作,全面推行"零缺陷的质量管理",并在日本得到了广泛运用。

工作标准是零缺陷,"差不多"的质量态度在克劳士比方法中是不可容忍的。错误的代价实在太高,让我们无法忽视。管理者必须通过对所有员工的培训、提供时间和工具等方面的资源,帮助他们达到符合要求的目标。工作标准必须是零缺陷,而零缺陷的工作标准,则意味着每一次和任何时候都要满足工作过程的全部要求。如果我们要让工作具有质量,那么,就决不能向不符合要求的情形妥协。

市场不相信眼泪,根据"零缺陷"管理的理论,公司要在执行过程中推行"零缺陷"管理,必须建立约束机制,也就是建立质量问题追究机制。

首先,问责制的建立,应该从完善激励机制入手。为什么这么说?多劳多得，才能有错必罚。约束与激励是一驾马车的两个轮子。

其次，问责制不是孤立的，更不是万能的。如果把问责制仅仅理解为一罚了之，那我们的质量管理也太简单了。无论干什么，目的与手段都不能混淆。"零缺陷"是目标，问责制是手段，不能为问责而问责。

再次，问责制推行的原则，应该是坚持"由浅入深、由点到面，逐渐完善、逐步推开"的原则。其实很多人都希望安于现状，不想改变周围的一切，但是公司面对激烈的市场竞争，面对客户和社会要求的不断提高，实际上作为公司来讲已经别无选择了，你必须比别人更好，否则你就没有市场、无法生存，道理就这么简单。

最后，顶住压力、贵在坚持。科学的管理理论与方法的实效性，不在于它的技术有多少含金量，而在于执行的长久坚持。

公司中的质量概念包括工作质量、服务质量、产品质量，质量决定一个公司的品牌与信誉，决定一个公司的生存与发展。作为小公司的管理者，应将"零缺陷"管理作为指导思想，以质量问责制为约束手段，在生产过程中严格执行"零缺陷"管理，才能维护公司、社会的和谐发展。

▎ 追求完美，永无止境

产品质量是公司的生命。公司要想在激烈的竞争中保持基业长青，就必须建立运转有效的，从产品设计到售后服务全过程的质量保证体系，以完美之心要求自己，打造完美产品。

长沙市某厨具有限公司是一家集研发、生产、销售、服务于一体的专业厨具公司，产品深受广大消费者的追捧及赞赏。它专业生产陶瓷合金无油烟超硬不粘锅、不锈钢系列等厨具产品，在国内外同类产品中占有领先地位，同时也引发了新的厨房革命，倡导了无油烟、健康、环保的厨房潮流。

该公司无烟锅成功的秘诀就在于，项目总经理刘先生对无烟锅的质量看得非常重。随着业务量不断增多，刘先生始终没放弃对质量的把关，相反，他对无烟锅的质量管理更加细致入微、严格把关。每次产品进入包装盒之前，他都与质检人员一起进行质量检查。有一次，在例行进厂检查时，他发现有一口无烟锅的锅底磨得太平了，于是马上召集全体技术人员开了一个小会。

在会上，他拿出那个无烟锅对大家说："其实，如果把这个无烟锅放到包装盒里，完全可以卖出去，它只不过是锅底部磨得平一点而已，但锅身处理得相当好，可是我要把它拿出来作为不合格产品，以后类似这种产品一律不准出厂，也不准再回炉利用。因为我们的无烟锅应该是最完美无缺的产品。"他的话一讲完，大家都鼓掌表示赞同。

后来，刘先生还把每一个不合格产品都挂在厂门口的墙壁上，并且注明生产日期，是谁生产的、用哪台机器操作出来的。慢慢地，出厂的无烟锅质量合格率几乎达到100%。

英国戴森电器公司的产品是常见的吸尘器、洗衣机、干手机等家用电器，它的产品在全球44个国家获得了成功。在很多人看来，家电这个成熟的行业里，产品研发分量似乎没有那么重，公司更多的是靠成本优势和规模取胜。但是戴森公司主要依靠完善细节，把产品的好用、易用和耐用性都推向了极致。

戴森电器公司的老总说："我们希望我们所生产的产品不同于现有的其他产品，一定要比别人做得更好，所以我们进行新产品开发时，要确保产品的高品质和可靠性，耐久、耐用性。"实际上，做到这一点其实是非常不容易的，因为所有的产品都是5年保修期，所以产品的可靠性非常重要。戴森公司的几百名工程师每个月用700多小时来测试产品，以确保其性能可靠。

戴森的测试项目包括方方面面，如碰击实验。一个健壮的成人站在已经安装好的干手机上拿大铁锤来砸等，目的就是要保证它在20年中都保持稳固。比如Airblade公司开发手机，在研发中不但经过了大量的生物科学实验，还通过了多个独立权威机构的测试和评定。从立项到工业样机完成，一共用了3年的时间。事实上，测试从很早就开始了，从原型机到生产，要测试成千上万小时，包括24小时不间断地对产品的塑料、电机、金属等部分进行长时间的持续测试。

戴森电器公司的总裁戴森经常说：失败是相当有用的，因为从失败中可以寻找完善产品的灵感。除了实验室测试，戴森电器公司还用很多其他方法来完善产品。比如公司组建一个非正式小组的成员，每周小组成员都会在公司里找一个舒服的角度坐下来，观看另一些人使用新产品。他们的任务就是发现产品在使用过程中令人不舒服的地方。同时公司员工也在努力扮演一个"消费者之声"的角色，努力地达到消费者使用产品的高满意度。他们会尽力理解消费者怎样看待他们的产品，又会有什么样的使用体验。这样做的目的是反复寻找产品的失误之处。

在公司的服务网站和热线电话上，戴森电器公司会鼓励消费者提意见。他们非常注重消费者的体验，重视他们的反馈意见，做到不是让市场牵着自己的产品走，而是自己推出比别人好的产品。另外，戴森电器公司还会在全球做不同的市场调研，公司员工都会在周末去店里或者消费者家里，听取他们的意见。仍以干手机为例，公司在安装每一台干手机的时候都附上一个卡片，上面有公司的电邮地址，因为他们期待客户能把他们的体验告诉自己。

没有最好，只有更好，追求完美，永无止境。打造著名品牌，奉献完美产品，是公司生产永恒的追求。

只有无止境地追求完美，才会使公司在不断学习、不断奋进、不断拼搏过程中成长。而有追求才能有收获——对于小公司的管理者而言，更需要有一颗追求完美的心。只有拥有追求完美的坚定信念，才会做到今天比昨天好、明天比今天好。

▎沉心静气做品牌，厚积薄发树招牌

小公司要生存，就要靠产品的质量来说话，但仅仅质量还是不够的，还要百尺竿头，更进一步，打造出自己公司的看家武器——品牌。

第三章 造品术：十年磨一剑，打造公司生命线

小公司要在市场竞争中获胜，要发展壮大，没有品牌是绝对不行的。公司占领市场要靠品牌，品牌具有独特的市场优势，消费者购买此产品往往是慕名而买。品牌产品在市场上能起到良好的名牌"效应"，品牌产品的声誉是公司的无形资产，这种无形资产所创造的经济效益往往使有形资产相形见绌。因此，管理者应不断提高产品质量，创名牌、保名牌，使消费者对产品产生信赖感。

但是品牌的创立不是一件轻而易举的事，不是一朝一夕就能制造出来的，需要管理者沉下心来，耐心琢磨，潜心研究，为之付出足够的心血和精力。

有人问松下幸之助："你觉得松下要多少年才能够真正成为世界品牌？"松下幸之助回答："100年。"事实证明，松下幸之助没有花那么长时间。此人又问："打造一个品牌最重要的是什么？"松下幸之助说了两个字："耐心。"

中国的老字号恒源祥多年来一直禁止为恒源祥的某个产品做广告，它做的都是品牌广告，只为"恒源祥"3个字做广告。经销商总希望恒源祥的广告一打出去，马上就有大量的人去购买，而这样做的短期效果是让恒源祥的经销商十分焦急，因为他们想象的广告一上，销售成果就立竿见影的局面没有出现。但是恒源祥集团董事长刘瑞旗却顶住压力，坚持这么做。

他曾说："做品牌是需要耐心的，必须让用于做广告的钱全部用于打造恒源祥品牌上。"于是，坚持只为"恒源祥"3个字做广告成为他一贯的品牌策略，恒源祥坚持拒绝为旗下的各类产品做广告——做到这一点相当困难，因为恒源祥必须不断地说服经销商，同时还要对很多大牌的广告

公司的建议视而不见。而刘瑞旗多年坚持的结果是，恒源祥品牌的知晓率在中国市场上达到93.9%。

在一项对世界100个著名品牌进行的研究中，研究者发现其中有84个品牌是花了超过50年的时间打造成功的。仅有16个品牌花了不到50年时间就成为世界品牌，而这些品牌中一种是由于产生了全新的技术变革，另外一种是连锁经营模式的发展造就了世界品牌。除此之外，其他品牌都花了50年以上的时间，这是需要耐心的。

从建立品牌、发展品牌、推广品牌到巩固品牌，是一项长期而艰巨的工作，建立卓越的品牌并非一朝一夕之功，也不是仅凭大笔金钱投入和短期广告轰炸就能实现的，而是需要恰当的定位、长远的规划和耐心的坚持，需要专注和执着，更需要贴心的设计和优质的服务。

中国另一个百年老店同仁堂的历史见证了真正的品牌是如何炼成的。

同仁堂是中国医药界的一块"金字招牌"，350多年来，虽然经历风雨沧桑，但一直生生不息，在各国医药公司逐鹿中华大地的今天仍然不断扩大自己的经营规模。同仁堂有什么奥秘使自己的"金字招牌"越擦越亮呢？

同仁堂何以名满天下？"吃同仁堂的药放心。"年过八旬的王大爷对此深有感触，"2003年北京闹'非典'，我来这儿配一副预防的中药。等了老半天都拿不到，大伙都开始开始埋怨，还以为是他们要留着涨价。后来才知道人家是为了等到合格的原料到货后才给抓药。"王大爷又接着说，"就这份仁义，同仁堂就能做天大的生意！"

而同仁堂的这份"仁义"是自古就有的。北京同仁堂是全国中药行业著名的老字号，创建于1669年（清康熙八年），自1723年开始供奉御药，历经八代皇帝共188年。在300多年的风雨历程中，历代同仁堂人始终恪守"炮制虽繁必不敢省人工，品味虽贵必不敢减物力"的古训，树立"修合无人见，存心有天知"的自律意识，造就了制药过程中兢兢业业、精益求精的严细精神，其产品以"配方独特、选料上乘、工艺精湛、疗效显著"而享誉海内外。

百年老店就是在这种对质量和服务的执着追求中一步一步走过来的。只有百年老店才能产生真正的世界品牌。

全球很多知名品牌，都是在长期发展、进化的过程当中形成的。小公司在打造自己品牌的时候要有雄心壮志，但是不能太急，太急的话，打造出来的可能是一个很快就会被淘汰的品牌。最重要的就是要有耐心。

小公司要抱着做百年老店的心态，一步一步地打造属于自己的公司品牌，这样才有机会成为世界品牌。

▋ 小公司做专做精的"六不"原则

小公司在经营上要做到完美、专业、精准和优化，还应当遵循以下"六不"原则。

1. 专心决策不盲目

在公司的整体目标和方针决策的制定上，要做到集中精力和专心，避免盲目做决定。

2. 经营方向不迷失

不走寻常路,慎重选择自己的经营方向,做好市场定位,就会减少一些误区。

3. 投资项目不分散

投资也要做到专一和精准。那种天女散花式的投资,结果很可能会付出巨大的代价。

4. 技术利用不落后

在激烈的竞争中,如果公司不善于引进先进的技术,难免会落后于同行。在技术的利用上,公司可以超越简单的技术领域,而选择一些新的高科技手段,为公司发展助一臂之力。

5. 营销之路不浮躁

不要一遇到产品滞销的情况就心浮气躁,盲目掉头改变方向,应当具体问题具体分析,寻求解决问题之道。

6. 产品开发不匆忙

产品的生命力的强弱直接影响着公司发展延续时间的长短。研发符合市场需求的产品要比追求新产品的数量更重要。

如果说"大而全"对大公司来说是一种成功战略,那么"小而强"对于小公司而言则是一种竞争优势。公司发展的目标不一定是做大、做强,但一定要做优、做精。

▶ 苦练内功，走实力强企之路

作为国内彩电业"老大"，曾在全国彩电价格战中几次打响第一枪的长虹集团，在2000年新一轮彩电降价竞争中明确表示：长虹既不打算降价，也不参加任何价格同盟，而是看公司的实力。

我国的彩电业是较早经受市场洗礼的行业之一，经过几十年的发展，已发展成为一个高度市场化的产业。

这些年来，彩电行业已经过了几次大的价格战，行业平均利润已经降至3%。但是长虹在1999年仍然保持了6%的盈利水平。这是因为彩电市场供大于求，只是有了降价的可能，而把"可能"变成"现实"，就要看公司的实力了，从这个意义上说，价格战也是实力战。而实力又是由技术、劳动力、成本、管理策略等因素决定的，是公司综合能力的体现。

"长虹当年敢大幅度降价，就是得益于它的总成本领先优势。"长虹相关负责人说，"以前，我们使用的行输出变压器主要从外省购买，每只价格55元左右，如今我们的彩电使用的行输出变压器自己供给，每只成本约36元，仅此一项，每年我们就可以降低成本9000多万元。另一笔账是劳动力成本账。长虹的劳动力成本比沿海低30%左右，在确保质量的前提下，适当采用劳动密集型的策略。此举一来可以获得沿海和发达国家难以达到的经济效益，二来为社会提供大量就业机会。正因为这样，我国加入WTO后，整个彩电行业是最能经受得住外国产品冲击的。"

这位负责人指出，长期以来，价格只是一个表象的问题，重铸中国彩电行业的核心竞争力才是关键。中国的彩电重复投资，盲目引进，严重过剩，因为没有核心技术的支撑，有的只是无休止的概念炒作，低价格成为切入市场的屡试不爽的灵丹妙药，连绵不绝的价格战，虽然使中国彩电行业夺得了可观的份额，但付出的是全行业大面积亏损的惨重代价。由于没有核心技术的支撑，规模虽大竞争力不强，这种规模成了新世纪的恐龙，等待他们的反而是一个永远填不满的"规模黑洞"。

这位负责人认为，搞市场经济，价格的升与降是公司的自主行为。即使这样，长虹也不会因为不反对价格战而盲目降价。长虹有一个重要的理念就是：要抓市场，先抓技术，先从自己做起，以高新技术形成的核心竞争力在市场立足。

多年来，长虹坚持以用户为中心、以市场为导向的经营原则，强化技术创新，夯实内部管理，积极培育集成电路设计、软件设计、工业设计、工程技术、变频技术和可靠性技术等核心技术能力，构建消费类电子技术创新平台，立足互联网面向物联网，大力实施智能化战略，不断提升公司综合竞争能力，逐步将长虹建设成为全球值得尊重的公司。

长虹依靠实力办企，走实力兴企之路的做法，是非常值得小公司学习和借鉴的。

小公司要增强公司的实力水平，必须把握好以下几点：

（1）以公司目标为核心，高瞻远瞩，严格要求，专心致志地研发技术，力争做出同行中的一流产品。

（2）争取做行业规则的制定者。这样可以使公司保持强大的竞争力，有更长远的发展。

（3）做有实力的公司，并非只在质量和技术上取胜，重要的是敢于突破传统的经营方式，勇于创新，在竞争上做到出奇制胜。

第四章

融资术：

为公司输入源源不断的"血液"

小公司要生存，必须有资金支撑；小公司要壮大，要靠资金的铺垫和运作。资金是公司的"血脉"，是公司兴衰的命门所在，决定着公司的生死存亡。一旦资金链断裂，公司就会"断血"，无法经营下去，直至衰竭而亡。

作为小公司的"大当家"，管理者必须时刻关注公司的资金状况，抓牢资金链，不让公司"断血"，同时积极地开展融资工作，为公司的生存和发展筹集更多的资金，为公司输入源源不断的新鲜血液，将公司办得风生水起。

抓牢资金链，不让公司“断血”

每个公司在发展期，资金链可能都会存在这样那样的问题，但与公司存在的其他问题相比较，在公司中呈现的关系不大，管理者没有重视这个方面的问题。当公司发展到一定程度问题就会暴露出来，一些资金链的断裂导致公司失败。

南洋集团曾是中国最大的民办教育集团。它的起家归于“教育储备金”这一运营理念，它的崩溃也源自这一理念，正所谓“成也萧何败也萧何”。教育储备金的内容是，如果学生家长一次性交8万元到20万元不等的储备金，此后就不需要交纳任何学费和伙食费等费用。等学生毕业之后，储备金将全额不加利息地如数返还给家长。所收取的储备金，学校则用来继续扩大规模，开设新学校，快速发展。

可是，世事难料。1998年亚洲金融危机爆发。受其影响，我国内需严重不足，央行为了鼓励消费连续8次降息，这使靠“教育储备金”的集资方式运作的民办教育成为高危险群体。到2005年秋季，南洋到期的各校教育储备金无法兑现，各地形成挤兑风潮，2006年南洋集团由于储备金问题全面崩盘。除南洋外，双月园、金山桥也因同样的原因相继垮掉。

俞敏洪曾经对以上公司的倒闭发表了自己的看法，他认为，这些学校垮掉的原因有两个：一是资金链问题；一是模式问题。比如，南洋采取的储备金模式，学校收取学生高额储备金，承诺学生毕业时返还，只收取利息用来办学。这在早些年利息高达10%以上的环境下还行。但后来国家降息，低到只有3个多百分点。学校就难以为继，不得不动用学生的储备金，最后出问题。

警钟长鸣，小公司的管理者应当引以为戒。资金链的断裂不是一个小问题，相信如果不是到了迫不得已的时刻，俞敏洪当年也不会出下策动用学生的储备金。不仅俞敏洪的"新东方"，许多中国的中小公司都曾因为资金链出现问题，或轰然倒下，或受重创放缓脚步，令人叹息。

资金链是一个公司维持生存的血液。几乎所有的公司稍微做大一点，就会出现资金链断裂的危机。因此，如何保证资金链的连续性发展，可以说是公司经营的根本。那么，如何避免资金链出问题呢？

管理者可以从以下几方面着手：保证主链的资金充分宽余；必须有相当的融资能力，包括政府、银行等非常手段；资金链必须畅通。

任何一个经济组织的生存和发展都需要一条健康、稳定、有效的资金链来维系和支撑。没有稳健的资金链，一切都是天真幼稚的梦里传说。

当小公司的核心业务趋于成熟，或者转向其他领域的时候，以资金链为主的财务风险会陡然增大，管理者必须谨慎对待。

▎管理者要提高自己的融资能力

资金是公司的血脉,是公司经营活动的第一推动力和持续推动力。

小公司经营的最大的困难就是资金了,特别是刚刚成立的小公司更是需要资金的支撑。管理者如果筹不到足够的经营资金,先别说公司要壮大了,而且还有可能无法生存下去,以致寸步难行,直至关门。因此对于管理者来说,必须正确认识融资的重要性,想办法通过融资解决公司经营的资金问题。只有资金到位,并合理运用,公司才有可能在尽可能短的时间内,取得良好的开局,为日后的腾飞奠定坚实的基础。

对于小公司的管理者而言,他的融资能力如何往往决定着他的公司能否在短期内走出创业困境,并尽快走上良性循环的轨道。因此,管理者必须善于巧妙解决融资问题,以便在公司需要钱用时能够及时取得资金,维持公司的日常运作。

在小公司创立之初,管理者不一定要有足够的资金才能开始创办公司,也可以在有了创业计划和项目后,通过融资去创业。当公司成立后,在公司开始进入运营的过程中,管理者只要对融资有正确的认识,争取投资者的信任,往往比较容易筹集到更多的资金,从而为公司的生存和发展创造良好的资金环境。

小公司由于规模小、利润小,一般不能指望从银行获得多少贷款,其需求的资金大部分是通过私募获得的投资。有较大发展潜力的小公司在融资时可以向风险投资者或风险投资机构和公司寻求资金上的支持。大多数投资人或投资公司的资金投资对象主要是新兴中小型公司,也包括需要通过并购重组实现再创业的成熟公司,以及找到新的扩张机会的老公司。

吸引投资者的投资并不是一件容易的事,管理者一定要有充分的准备。如果公司具备吸引投资的基本要素,也就是有一个优秀的管理团队、有很好的市场机会还有良好的运作机制和可行的实施计划,那么获得资金的机会是相当大的。

小公司的成长离不开资金的运作,在公司成立之初需要资金投入,在公司发展到一定规模的时候更需要资金的支撑。资金始终是小公司发展中绕不开的话题,可以说,资金决定了公司的生死存亡。管理者要不断地提高自身素质,在现有政策、法律框架下,积极、有效地寻求和确定适合公司自身发展状况的融资途径和方法,为公司注入源源不断的资金。

▌ 瞅准机会,融资手到钱来

小公司的管理者在筹措公司的资金时,要把握和选择好融资机会。只有融资机会适宜,才能顺利地得到公司所需要的资金。

所谓融资机会,是指由有利于公司融资的一系列因素所构成的有利的融资环境和时机。管理者选择融资机会的过程,就是寻求与公司内部条件相适应的外部环境的过程,这就有必要对融资所涉及的各种可能影响因素做综合具体的分析。

一般来说，选择融资机会要充分考虑以下几个方面：

第一，由于融资机会是在某一特定时间所出现的一种客观环境，虽然公司本身也会对融资活动产生重要影响，但与公司外部环境相比较，公司本身对整个融资环境的影响是有限的。在大多数情况下，公司实际上只能适应外部融资环境而无法左右外部环境，这就要求管理者充分发挥主动性，积极地寻求并及时把握住各种有利时机，确保融资获得成功。

第二，由于外部融资环境复杂多变，融资决策要有超前预见性，为此，管理者要能够及时掌握国内和国外利率、汇率等金融市场的各种信息，了解国内外宏观经济形势、国家货币及财政政策以及国内外政治环境等各种外部环境因素，合理分析和预测能够影响公司融资的各种有利和不利条件，以及可能的各种变化趋势，以便寻求最佳的融资时机，果断决策。

第三，在分析融资机会时，必须要考虑具体的融资方式所具有的特点，并结合自身的实际情况，适时制定出合理的融资决策。比如，公司在创立初期时，向银行或投资机构贷款融资不太可能，可向亲戚朋友或有一定经济实力的熟人借款；在公司经营成熟期，适合向银行或投资机构贷款融资。

▎小公司融资术一：向亲朋好友借钱

小公司融资，亲戚朋友是最常见的资金来源。由于他们与管理者之间的亲情关系，也由于他们易于接触，他们是最可能进行投资的人。彼此的了解有助于克服不熟悉的投资者所面临的一种不确定性，即对管理者本人的了解，从而加快融资的进程。

亲戚、朋友能为小公司提供少量的资金，部分满足大多数小公司所需要的资本需求。有时候亲戚、朋友的帮助并不是直接提供资金，而是通过提供担保等方式帮助管理者获得所需要的资金。

尽管从亲戚、朋友那里获得资金较为容易，但同其他资金来源一样，这种融资既有好处，也有缺陷。虽然获得的资金数额较少，但如果这时以权益资金的方式注入，亲戚、朋友就获得了公司的股东地位，享有相应的权益和特权。这可能会使他们觉得他们对公司的经营有直接的投入，从而对员工任用、设施或销售收入及利润产生负面的影响。而且相对而言，从家人或朋友那里筹措的资金一般只是种子资本或者最初的启动资金，在股权的安排上要为后续资金的融通做好准备。因此，在向亲戚、朋友融资的同时要避免被贴上家族公司的标签。

为了避免一些潜在问题的出现，管理者应当全面考虑投资的正面和负面的影响极其风险性，以便于问题出现时，能够尽可能地减少对亲戚朋友关系的负面影响。严格公司管理就能帮助减少将来可能出现的问题，必须以公事公办的态度将亲戚、朋友的贷款或投资与不熟悉的投资者的资金同等对待，任何贷款都要明确规定利率，以及本金和利息的偿还计划。对权益投资者任何未来的红利必须按时发放。如果亲戚、朋友能够享有任何其他投资者的待遇，可以避免任何潜在的摩擦。

管理者可以做的另一件事情，就是对任何问题都防患于未然，并书写笔录下来。一旦涉及金钱问题，人的记忆常常是令人惊讶地不管用。所有融资的细节都需达成协议，资金必须用于公司经营，凡是有关资金的数额、资金的期限、投资者的权利、责任及收益等细节都需预先谈好并记录下来，最后形成一份开列所有这些条款的正规协议，这样有助于避免未来出现问题，有助于解决纠纷。

▶ 小公司融资术二：利用人脉筹资

成熟的人际关系网络可为你网罗财富是人所共识的，但怎么去挖掘这笔财富，并很好地为己所用呢？

小公司的管理者若是在需要资金时才想到去借钱的话，似乎有点临时抱佛脚，因为人脉的经营着实是一种长期的投资，而绝非当下可以快速累积的资源。至于运用人脉的方法方面，有以下几点可供参考：

1. 疏通人脉，厘清资源，建立有效关系网

在平日社交场合中，应累积多元化的人际关系（特别在金源或人员方面）。如何在人与人的关系中由"见过面——名片交换——认识——熟识——人脉"此一过程的经营，建立起对自己真正有效的人际关系网是最重要的一步。对于没有多少"公关经费"的小公司管理者来说，花点时间与精力经营此种关系网是绝对必要的。因为当公司经营遭遇困难时，救星与解决之道皆隐藏于其中。

2. 日积月累，涓滴成河，累积信誉影响力

编织你的人脉网络、开拓公司资金筹措渠道，需要一点一滴用心经营。

有的小公司管理者对于与投资者或投资机构的往来关系经常是采取被动的态度，抱持着最好不要向其借钱的消极态度，在公司遭遇困境、真有资金需求时才登门求助，结果遭拒绝也就是自然而然的事了。因此，管理者要改变这种做法，通过长线布局、策略规划与主动出击的方式，一方面增进与投资方之间的来往，加深对方对你的认识，一方面累积自己的信用与声誉，为自己未来的任何可能的资金需求先作布局，届时若真有需求时，这平日的点滴累积将会发挥大功效，开口借钱也就水到渠成。

3. 全面收集，细心整理，建构强力数据库

对于每一家往来投资机构的特性、投资人的脾气个性及喜恶等资料，平时一定要细心收集整理并分析。这样透过详细的前期工作，你就有可能挑出人脉中资金供给者的"罩门"所在。

4. 策略规划，战术运用，潜移默化事竟成

在做好上述数据收集分析及深耕布局事项后，紧接着就是策略与战术运用的层面了。透过平日公司绩效的提升、人脉资源的酝酿发酵、相关媒体的运作影响等多种方式的交错运用与安排，相信前述的活动必定能让你在有资金需求时发挥一定的功效与帮助，为公司注入一笔不菲的资金源。

小公司融资术三：向银行申请贷款

由于小公司自身的特点，筹集资金往往是比较困难的。向个人借款的数额一般有限，不能满足公司对于资金的需求。通过发行股票或上市的方式融资对小公司根本不可行，于是在资金不足的时期向银行贷款就成了小公司解决资金问题的主要方式。

向银行贷款，有着一些明显的优点。

（1）银行资金充足，实力雄厚，能随时为小公司提供比较多的短期贷款。对于季节性和临时性的资金需求，采用银行短期借款尤为方便。

（2）银行借款具有较好的弹性，可在资金需要增加时借入，在小公司走上正轨，开始盈利后再还款。

银行贷款也不是免费的午餐，不是想要就要，想贷就能贷的。向银行贷款也存在一些缺点。

（1）资金成本比较高。如果采用短期借款，其成本会比较高，不仅能与商业信用相比，与短期融资券相比也高出许多。而抵押借款因需要支付管理和服务费用，成本更高。

（2）限制较多。向银行借款，银行要对公司的经营和财务状况进行调查后才能决定是否贷款，有些银行还要对公司有一定的控制权，要公司把流动比率、负债比率维持在一定的范围之内，这些都会构成对公司的限制。

那么，小公司如何向银行申请贷款呢？

1. 用活创业贷款优惠政策

创业贷款是指具有一定生产经营能力或已经从事生产经营活动的个

人，因创业或再创业提出资金需求申请，经银行认可有效担保后而发放的一种专项贷款。时下，中国工商银行、中国银行、中国农业银行、浦发银行、中信实业银行、交通银行等都已推出个人创业贷款业务，如农行在四川省成立的第一家个人创业贷款中心，可以通过商铺、住房、有价证券等抵押、质押以及有实力的人士提供担保解决贷款，最高贷款额度可200万元。

2. 要货比三家

按照金融监管部门的规定，各家银行发放商业贷款时可以在一定范围内上浮或下浮贷款利率。其实到银行贷款和去市场买东西一样，挑挑拣拣、货比三家才能选到物美价廉的商品。相对来说，国有商业银行的贷款利率要低一些，但手续要求比较严格，如果你的贷款手续完备，可以对各银行的贷款利率以及其他额外收费情况进行比较，从中选择一家成本低的银行办理。

3. 合理选择贷款期限

银行贷款一般分为短期贷款和中长期贷款，贷款期限越长利率越高，如果公司资金使用需求的时间不是太长，应尽量选择短期贷款，比如打算办理两年期贷款可以变成一年一贷，这样可以节省利息支出。另外，融资也要关注利率的走势情况，如果利率趋势走高，应抢在加息之前办理贷款，这样可以在当年度内享受加息前的低利率；如果利率走势趋降，在资金需求不急的情况下则应暂缓办理贷款，等降息后再适时办理。

▶ 小公司融资术四：申请风险投资

风险投资（venturecapital，VC），或称为风险资本、创业资本，1946年始于美国。所谓风险投资是指"由职业金融家投入到新兴的、迅速发展的、有巨大竞争力的公司中的一种权益资本"。或者说，"凡是以高科技与知识为基础，生产与经营技术密集的创新产品或服务的投资"。后者比前者定义更为宽泛，而且突出了创新。所以，风险投资所指的风险不是一般的风险，而是冒险。从另一方面看，同是融资行为，与银行贷款相比，风险投资人投资的是未来，即不是单纯给钱，还有创新的战略蓝图、技术评估、市场分析、风险及收益回收和评估，以及培养先进的管理人才等。银行贷款考虑的则是一般的回避风险以及财产抵押的现在行为。当然，趋之若鹜的真实动机，还是风险投资的高额回报。

那么，小公司怎样申请风险投资呢？

首先，管理者要让投资者知道他们最想知道的，他们在自己接触时最想知道的是这家公司的最基本情况：公司生产什么，公司的技术实力，产品是否真正具有生命力，现在公司的经营状况，公司管理人员的素质怎样，是否具备所谓的企业家精神，公司主管的人品，等等。这些是他们需要了解的首要内容。接下来，你应该说明公司需要的风险投资金额，风险投资资金的去向与投资者利益的分配等，对他们来讲，投资多少、利益的分配并不是最重要的，最重要的是这项投资能否获得利润，以及获得利润的多少及时间的长短。所以，让投资者具备信心是最重要的。

其次，如果风险投资者对你的公司表示感兴趣，他们就会与你进行会晤，这一步太重要了。这一步不仅是能否获得投资的问题，而且还可能关系到公司未来的生存。如果在这一步失败，其后果也许会比第一步失败更惨，因为这样很可能给投资者产生一种华而不实的印象。他们认为，公司的实际情况并不像公司简介里说的那样尽如人意。他们感到很失望，也许会决心再也不关注你的公司。所以，管理者要精心策划走好这一步。

一般而言，管理者会给将来的投资者提供一份较为详细的公司发展计划，在这里面，公司简介已经成为次要内容，主要部分应是管理者用自己敏锐的眼光和聪颖的头脑对公司及行业做出的计划和预测，也许投资者看中的就是这一点，在这份计划中要让投资者看到到处都闪耀着智慧的亮点而又不脱离现实，管理者对公司前景的乐观也应尽显其中。技术开发力量、人力资源、生产条件也许会为这种乐观打下有形与无形的基础。当然，以追求巨额利润为最终目的的投资者并不会忘记他此行的目的，他们想知道自己投资多少钱，投资后他们具有哪些权利，他们也想知道怎样收回投资，当然他们最想知道的是投资是否有利可图，以及自己能得到多少利润。当这些都解决妥当后，申请投资也就成功了一大半。

在接下来的过程中，风险投资者一般会积极介入公司的管理或至少是关注。如果预期目标都圆满实现，风险投资者将有兴趣继续注入资金，如果公司发展不良，风险投资者也许会停止投资。所以后面的路还很长，要解决的事还很多，申请到风险投资只开了一个好头，而实质性的、更重要的还在后面。因此，管理者在为公司申请到风险投资后，要将主要精力放在公司的经营管理上，带领员工团结奋战，努力提高公司效益，让公司呈现蒸蒸日上的良好局面。如此才能吸引风险投资者的持续关注，而不至于中途撤回资金，使公司经营难以为继。

小公司融资术五：租赁融资

小公司租赁融资，简单说就是小公司向租赁公司提出融资申请，由租赁公司进行小公司融资，向供应厂商购买相应设备然后将设备租给小公司使用，从而以"融物"代替"小公司融资"，小公司按期交纳租金，在整个租赁期间小公司享有使用权，同时承担维修和保养义务。

由于在多数情况下，出租人在整个租赁过程中就可以收回全部的成本、利息和利润，所以在租赁期结束后，小公司一般可以通过名义货价的形式，花少量资金就能够获得设备的所有权。

在小公司租赁性融资中，还有一种特殊形式——返租式租赁：公司将其所拥有的设备出售给租赁公司，获得公司发展所急需的流动资金，再与租赁公司签订租赁合同，将设备租回来继续使用。这实质上是公司通过暂时出让固定资产所有权，作为抵押而获得信贷资金的一种新的小公司融资方式。

小公司租赁融资是一种以小公司融资为直接目的的信用方式，它表面上是借物，而实质上是借资，并将融资与融物二者结合在一起。它既不像一般的银行信用那样借钱还钱，也不同于一般的商业信用，而是借物还钱，以租金的方式分期偿还。

小公司往往财务制度不规范，自身资本不足，这些都是在小公司融资过程中所面临的主要问题，而小公司租赁融资的方式对公司信用要求则大大降低，方式简便、快捷，同时也降低了小公司融资机构的风险。

小公司租赁融资的方式可以减轻由于设备改造带来的资金周转压力，避免支付大量现金，而租金的支付可以在设备的使用寿命内分期摊付而不是一次性偿还，使小公司不会因此产生资金周转困难，同时也可以避免由于价格波动和通货膨胀而增加公司的资本成本。

小公司租赁融资在国外较为普遍，从20个世纪80年代开始引入我国，到目前为止我国从事小公司融资业务的专营或兼营机构有1000多家，业务覆盖全国，涉及10几个行业。小公司租赁融资为我国小公司解决资金不足的问题提供了一种便捷的途径，也为小公司进行设备更新和技术改造提供了一种全新方式。作为小公司的管理者，平时要多了解租赁融资方面的相关知识和最新动态，在实际融资时有效地运用这种融资方式，为公司的经营打开方便之门。

▌ 小公司融资，步子不要迈得太大

公司从外部融来的资金日后是需要偿还的，通常是连本带息偿还，因此融资也是要付出成本的。

小公司的管理者在筹集资金时，首先要确定公司的融资规模，确定合适的融资额度。筹资过多，或者可能造成资金闲置浪费，增加融资成本；或者可能导致公司负债过多，使其无法承受，偿还困难，增加经营风险。而如果公司筹资不足，则又会影响公司经营资计划及其他业务的正常开展。

因此，小公司的管理者在进行融资决策之初，要根据公司自身的实际条件以及融资的难易程度和成本情况，量力而行来确定公司合理的融资数额，千万不要步子迈得太大，要留有回旋的余地。以免"债台高筑"，一旦遭遇变故因无力偿还而引发纠纷，为自己和公司制造麻烦。

在实际操作中，管理者确定公司融资规模，一般可使用经验法和财务分析法。

1. 经验法

这是指公司在确定融资规模时，首先要根据公司内部融资与外部融资的不同性质，优先考虑公司自有资金，然后再考虑外部融资。二者之间的差额即为应从外部融资的数额。此外，公司融资数额多少，通常要考虑公司自身规模的大小、实力强弱，以及公司处于哪一个发展阶段，再结合不同融资方式的特点来选择适合本公司发展的融资方式。

比如，对初创期的小公司，可选择向有钱的亲戚、朋友、同事、熟人或风险投资人借款；如果公司发展进入正轨，经营已有起色时可考虑向银行或投资机构融资；如果是高科技型的小公司，可考虑风险投资基金融资。

2. 财务分析法

这是指通过对公司财务报表的分析，判断公司的财务状况与经营管理状况，从而确定合理的筹资规模。由于这种方法比较复杂，需要有较高的分析技能，因而一般在筹资决策过程中存在许多不确定性因素的情况下运用。使用该种方法确定筹资规模，一般要求公司公开财务报表，以便资金供应者能根据报表确定提供给公司的资金额，而公司本身也必须通过报表分析确定可以筹集到多少自有资金。

▶ 管理者如何与投资方进行融资谈判

在做好了所的融资准备工作，写好商业计划书后，接下来就进入与投资方接洽商谈的环节了。管理者把商业计划书或计划书摘要发送给投资方后，可能在一个星期到一个月内收到反馈，反馈信息可能是。

（1）拒绝（一般情况下，没有消息往往也意味着拒绝）。

（2）简单的问题、索取更详细的信息。

（3）约时间面谈。

根据投资方的反馈意见，你要么需要修改商业计划书，要么加强团队的实力，要么做更深入的市场调查并调整经营思路。在你联系到真正的投资者之前必须不断地总结经验，修正自己的商业计划书。

从投资方看到你的商业计划书到你的公司获得投资，一般需要一个月到一年时间，最常见的周期是3~6个月。这期间你要与投资方不断地接触并进行商谈。融资谈判的工作做得越充分、越专业，投资的进程就会越快。

在与投资方谈判时，要注意以下几点。

（1）管理者要亲自出面与投资商洽谈，因为只有自己才了解公司的实际情况和发展方向。

（2）与投资方洽谈时要直接、简练、开诚布公，大家的时间都宝贵，没有必要兜圈子。

（3）要虚心听取投资方的意见，尽量避免与对方争论。投资方有可能问一些令你不愉快的问题，好像在故意挑你的毛病，或怀疑你的智力水平。其实他们只不过想要弄清楚问题，以便提出建设性的意见。

（4）不要奢谈即将到手的大订单或可能的巨额投资。嘴里的馒头比画出来的饼更实在。

（5）追求价值，而非评估，不要拿"专业机构"的评估报告或认证书来吓唬人。

（6）选择最可能帮助你成功的投资方，而不是出价最高的投资方。

融资过程中最容易犯的错误是低估了融资所需要的时间，千万不要等到急需资金时才抓紧融资。你越是急需资金，你的谈判筹码就越低。

▶ 小公司融资的若干"注意"事项

公司融资是一件较为复杂的事情，事关很多细节，如果哪个方面做不到位，都会使融资走向失败。小公司要想融资成功，管理除了要做好前面所提到的工作外，还需要注意以下细节。

1. 过度包装或不包装

有些管理者为了融资，不惜一切代价粉饰财务报表，甚至造假，财务数据严重脱离了公司的基本经营状况。而有些管理者认为自己经营效益好，应该很容易取得融资，不愿意花时间及精力去包装公司，殊不知，投资方看重的不只是公司短期的利润，公司的长期发展前景及公司面临的风险是投资方更为重视的方面。

2. 缺乏长期规划

多数管理者都是在公司面临资金困难时才想到去融资，不了解资本的本性。资本的本性是逐利，不是救急，更不是慈善。在公司创立之初，管理者就应该考虑融资策略，和资金方建立广泛联系。

3. 忽视公司内部运营

管理者融资时只想到要钱，却忽视了那些基本的工作，结果给融资造成了困难。因此，在融资前，公司者应该先将公司梳理一遍，理清公司的产权关系、资产权属关系，把公司及公司业务清晰地展示在投资者面前，让投资者放心。

4. 缺乏公司规范化管理

公司融资是公司成长的过程，也是公司走向规范化的过程。管理者应不断促进公司走向规范化，通过公司规范化来提升公司融资的能力。

5. 只认钱，不认人

有些管理者急于融资，没有考虑融资后对公司经营发展的影响，这样的融资往往会给公司带来很多后遗症。对于小公司来说，融资时除了考虑资金问题外，还应考虑投资方在公司经营、公司发展方面对公司是否有帮助。只有充分考虑了这些，才能使融资更有利于公司的生存和发展。

6. 低估融资难度

公司融资是一项非常专业的活动，不是打个电话、见几次面就能让投资人把资金送到你的手中。投资人大多见多识广，是商业界的资深人士，有的还拥有非常丰富的公司管理经历，对当前市场形势有着成熟的理解，因此，要想说服、打动他们对你的公司进行投资不是一件容易的事。

有的管理者把融资想得过于简单化，认为融资只是写个商业计划书，或是认为仅靠自己的小圈子就可以拿到资金。如果低估了融资的难度，对投资人期望过大，就会很容易在融资过程中碰壁。

7. 不请专业的融资顾问

管理者都有很强的融资欲望，但往往对融资缺乏透彻的理解，却又不愿意花钱聘请专业的融资顾问咨询。融资顾问有丰富的融资经验，广泛的融资渠道，对资本市场和投资人有充分的认识和了解，具有很强的专业策划能力。在融资之前适当地请教专业的融资顾问是很有必要的，他们的解答可以帮助你解决在融资过程中遇到的各种问题，有助于顺利地融到资金。

8. 融资视野狭窄

公司融资的方式很多，不只是银行贷款或风险投资人、投资机构投资，租赁、担保、合作等方式都可以达到融资目的。管理者要想融到足够的资金，需要放开思维，采用各种可行的办法去融资。

第五章

流量术：
小公司经营要有点互联网思维

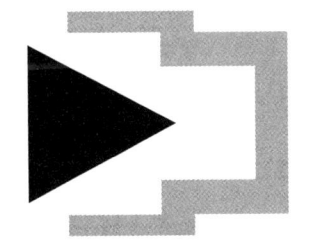

移动互联网时代，人们都在谈论流量、粉丝，这是因为随着消费的升级和社会观念的转变，商业竞争环境和经济运行的规则发生了巨大的变化，互联网的影响已经深入到经济运行的方方面面。在具体而微的商业运营中，公司品牌的推广和影响力的扩大也都离不开互联网，离不开流量、粉丝的支撑，这就是所谓的"得粉丝者得天下"。因此，无论身处哪个行业，小公司在日常经营中一定要给自己加上互联网思维，这样就能获得很多让小公司在市场中存活下来的新思路、新策略。

▶ 小公司要懂的"粉丝经济学"

互联网时代，粉丝在很大程度上决定着公司的利润，对于某些行业来说，粉丝直接决定着公司的生死。粉丝经济的概念最早产生于六间房秀场，其草根歌手在实时演艺过程中积累了大量忠实粉丝，粉丝通常会通过购买鲜花等虚拟礼物来表达对主播的喜爱，在节日和歌手生日等特定日期，礼物的消费尤为活跃，这就给主播带来了巨额的收入，粉丝经济由此流行起来。小公司如果想在互联网飞速发展的今天获得较多的利润，就要懂得注重培养自己的粉丝，增加流量，粉丝就是小公司的忠实拥护者，这些忠实拥护者就是小公司主要利润的来源。

对于很多小公司来说，没有粉丝就没有未来，很多时候小公司品牌创建已经与经营粉丝的过程高度融为一体，对于靠互联网创业的小公司来说，粉丝的重要性体现得更为明显。如果小公司有了充足的粉丝，即使人员再少，也能最大限度地赢得利润。互联网时代粉丝的培养是非常便利的，因为二维码、微博、微信的出现，为小公司培养粉丝提供了平台和渠道，具体来说，小公司可以推出自己的二维码，以此来积累大量粉丝，同时还需依靠微博、微信来对小公司展开宣传，以最大限度地培养粉丝。需要注意的是，虽然互联网时代的自媒体平台为小公司培养粉丝提供了便

利,但是小公司要想获得足够多的粉丝,还要从以下4个方面着手:

首先,要有创新服务,以及有特色的产品。小公司的粉丝经济缘于客户对自身的关注,靠的是小公司的影响力,唯有在服务上创新,才能拥有自己的特色。公司再小,都要强调它在同类产品中独特的个性,不能大众化。

小公司的个性化,是指小公司经营的商品要时尚前卫、价位低廉、商品稀奇、人无我有、销售新奇等。只有这样,才能日益彰显出自己的个性,在市场上众多同类公司中以特色取胜。唯有如此,才能吸引客户的关注,并把客户最终转化成小公司的忠实粉丝。

其次,要做到维护老客户,开发新客户。对于小公司来说,维护老客户是获得忠实粉丝的关键,而要做到维护老客户,小公司需要做的是通过会员关系管理,深度挖掘不同层次老客户的需求,达到维护老客户的目的,并最终使老客户转化成为小公司忠诚的粉丝。虽说开发新客户对于小公司来说成本是大于维护老客户的,但是开发新客户也是小公司获得粉丝经济的重要环节,要想开发新客户,就要对小公司的宣传做到位,这样才能吸引越来越多的新客户。如果做到了维护住老客户,开发出新客户,就最大限度地留住了客户,并最终实现小公司粉丝经济。

再次,要依靠粉丝间互动传播来赢得较多的粉丝。小公司与粉丝之间的互动传播对于小公司粉丝经济的实现有极大的促进作用,这种互动传播能让小公司粉丝群活跃起来,能够通过自媒体平台将自己小公司的产品信息宣传出去,在宣传小公司自身的同时,还可以赢得一定数量的粉丝。

最后,要把情感营销做到极致。这是小公司粉丝经济的重要一步,小公司不应该仅仅把自己公司的产品当成是产品来卖,还应该付诸情感诉求。对于小公司产品来说,越是把情感诉求付诸产品上,就越是能够得到更多的回应。除了给产品赋予情感诉求外，还可以通过节日的方式，把产品的情感因素体现出来，比如七夕、中秋、春节等这些传统的节日。当对产品进行情感诉求时，就能使小公司的产品受到客户的喜欢，并使他们成为小公司的忠实粉丝。

想办法让小公司变得好玩起来

市场上几乎每一个行业都有着数不清的小微公司，互联网时代，要想在竞争激烈的市场中存活下来并脱颖而出，就要把握"有趣""好玩"的原则。也就是说小公司要在好玩上下功夫，如何做到这一点呢？我们可以从产品、店面等多个角度入手。

首先，如果条件允许的话，尽量把小公司的名字起得好玩一点。互联网时代，商品种类繁多，层出不穷，而想让自己的公司吸引人就要在起名的时候以趣字当头。这一点小公司可以多向一些店铺学习，当下有很多店铺的名字起得都非常有趣、好玩。比如衣拉客。衣拉客是一家经营服饰和腰带的小店，这个店名把衣服与客户巧妙地联系起来，给人无限遐想的同时，又让人会心一笑。再比如一家鞋店的名字：东鞋西足。这家鞋店在起名字的时候，把自己的店铺与金庸联系在一起，给人以出乎意料的感觉……有趣的店铺名字还有很多，比如餐馆动吃组、理发店顶头尚丝、新龙门饭店、吓你一跳饰品店、手指的精灵笔店、上帝也想唱卡拉OK、音乐的守候MP3专卖、唇唇欲动小吃店，等等。这些都是比较有意思的店铺名称。客户在看到这些店铺名字的时候，会因为有趣、好玩而对店铺产生好感。

其次，向客户兜售有趣的参与感，这一点是非常重要的。互联网时代，小公司应该以互联网思维来经营自己，而兜售参与感对小公司的发展具有非常大的促进作用。

日本有家"老板无主意"商店，店老板名叫小柳茂孝。所谓"老板无主意"就是商店进什么货，不是由老板决定，而是客户替老板出主意，告诉商店应经营什么项目，老板则给出主意的客户以各种奖励。小柳茂孝的"老板无主意"商店开业以后，客户盈门，买卖兴隆，每天来采购的人络绎不绝。由此我们不难发现兜售参与感的重要性。

既然兜售参与感那么重要，小公司管理者应该如何做到兜售参与感呢？可以先举个例子进行说明，这就像是交朋友一样，比如说你有一个关系非常好的朋友，他打电话找你帮忙，不管多忙你都会立刻去帮助他，或者回应他，但如果你与这个朋友的关系很一般，你可能就没这么着急了。经营公司同样是如此，如果客户把公司当成是关系很好的朋友，那么他们就会非常关心公司的发展。此时，让客户有一种参与感起着非常重要的作用，而所谓的参与感其实就是给客户话语权，让他对小公司的产品和服务可以发表意见，参与整个改动的过程，让客户对产品有很强的主人翁意识。这种参与感就是要给客户一些小小的特权，这些小小的特权会让客户觉得自己有面子，这就能让客户因为有面子而购买小公司的产品和服务。

最后，小公司的营销活动也要做到有趣、好玩。这是注意力经济时代，能够让消费者满意的商家和产品比比皆是，但能让消费者记忆的产品凤毛麟角，小公司要想让消费者记住，就要学会让消费者产生"记忆"，而让消费者产生记忆的方式之一就是进行有趣好玩的促销活动。比如，E-Mart超市隐形二维码。这次营销也是非常有趣的，超市在中午的时候，人流量和销售量总是很低，于是韩国E-Mart超市别出心裁，在户外设置了一个非常有创意的二维码装置。正常情况下，扫描不出这个二维码链接，只有在正午时分，当阳光照射到它上面产生相应投影后，这个二维码才会正常显现。用户通过扫描二维码，就能获得超市的优惠券。再比如，美国的Verizon无线公司也曾开展过一次有意思的促销活动，客户在店内扫描二维码后，会在社交网站上分享他们的推荐信息。假如有朋友通过该链接购买了一台Verizon手机，原客户就有机会赢得一台智能手机。这次促销活动让Verizon获得了丰厚的回报，并且社交网站的用户也增加了数万名。

从以上3个方面我们可以得出，小公司要想赢得市场，打动客户，就要在有趣好玩上下功夫。很多研究都指出，快乐情绪会影响人的选择，例如，有正向情绪时，会更乐于参与活动，思考上也会想到抽象的层面，而不会拘泥在眼前的现实，这些都是快乐情绪带来的巨大影响。但是小公司管理者在做营销活动时要把握好度，特别是在营销的过程中，不能玩得太过火，否则可能会惹怒客户，这就会使效果适得其反。

打造一个有吸引力的微信公众号

通常来说，小公司的营销资源相对有限，所以要把能利用的营销资源充分利用起来，微信公众号就是一个很好的营销与引流利器。那么，如何做出一个具有吸引力的微信公众号呢？第一步是要做好公众号设计。甚至可以这样说，小公司微信公众号设计的好坏，直接决定着其微信营销效果的好坏，也直接决定着其是否能够扩大流量，吸引更多的注意力。对于小公司来说，要想做好公众号设计，就要从以下四个方面入手。

第一，要为微信公众号取个好名字

对于一个微信公众账号来说，名字起着相当重要的作用，所以在进行微信公众号设计之前要想个出色的名字。在为自己的公司取微信公众号名字之前，要找准自己的行业定位，是食品、服装，还是其他产业。唯有如此，才能更好地精准定位自己。明白了自己的行业定位之后，还要明白自己的核心客户是谁，要明白自己的产品是卖给哪一类人的。总之，用户至上，需求第一。什么样的用户群体决定了什么样的需求。通过用户需求分析，再进行公司的产品功能策略的制定设计，可以大大地减少后期目标不明确的风险和不必要的麻烦。

弄清了自己是干什么的，为什么人服务，接下来就要给微信公众号取名字。微信名字最长只有13个字，最好4—8个字，不要太长也不要太短。这样的名字才简单易记，让用户印象深刻。要想让微信公众号名字更加吸引眼球，就要取一个个性化的名字。但是，不能把生僻字作为个性的体现，因为这样的名字是很不利于自己的排名搜索的。取名的时候还不能运用宽泛性的词语，比如你的客户群体是北京的美食客，取名"美食"显然是不合适的，不仅针对用户人群过于宽泛，在整个美食的微信公众号排名中也很难脱颖而出，在取名的时候最好能够结合百度指数，查找搜索度较高的词汇。

第二，微信介绍要做到简单好记有特色

小公司的微信公众号设计除了要起个出色的名字外，还要做好微信公众号内容介绍工作。好的微信公众号自我介绍要达到的效果是让人一读就能记住。要想写出这样的微信公众号介绍，就不要把小公司简介或者小公司业务当作主要内容来撰写，而是要写能给客户带来什么样的优惠，或者能帮助他们解决什么样的问题。比如星巴克中国的微信公众号简介："星巴克中国，微信里的第三空间，星巴克的热情与专注，是为了把一杯咖啡的完美呈现在您的手中，与您一起点亮生活。"在这个介绍中，星巴克没有枯燥地介绍星巴克及其产品，而是把星巴克的文化展现出来。小公司在做微信公众号介绍的时候，也要能够用简短的文字表达出你能为你的客户做什么，而不是让他们买什么。

第三，做好微信公众号认证

小公司微信公众号要做好官方认证。这样做的好处是在用户进行搜索的时候，认证的公众号会排在前面，能够更容易被用户搜索到；对用户来说，他们更愿意相信经过官方认证的公众号；自我保护性更强，可以避免虚假公众号冒名顶替。所以，小公司在创建好微信公众号后，就要快速获得500人以上的关注数，同时还要创建一个认证的同名新浪微博或者腾讯微博，这里名字要和微信公众号的名称一样。满足了这两个条件，小公司微信公众号就可以申请官方认证。一般只需要1—15个工作日，认证就能取得成功。认证成功之后的微信公众号将成为小公司营销与引流的利器，如果管理者能充分利用好这一利器，就能取得良好的营销推广效果。

说完了微信公众号的设计，我们再来谈一谈如何做好内容。

一篇好的微信公众平台的内容，需要有一个好的标题。因为标题是内容的重要组成部分，甚至可以说，信息能否被用户重视，完全取决于标题。而要想编撰好标题，就要掌握好标题的编撰技巧。

首先，长度合适的标题才能抓人眼球。标题不能太长，也不能太短，最适宜的标题长度应当在6—13个字之间。太长显示不全，同时会显得拖沓；也不能太短，太短则不能起到营销的效果，也影响表述效果。

其次，通过设置悬念的方式编辑标题。悬念式标题微博是微信标题制作的热门种类之一。这种方式是指在标题上先给用户造成一个"悬念"，以激发人们急欲知道的好奇心。这种编撰标题的技巧能够不断造成某种急切期待和热切关注的心理状态，具有引人入胜的艺术魅力。但是在设置悬念标题的时候不能单纯地故弄玄虚，而是要符合目标用户的日常经历，或者能帮助目标用户解决一些问题。例如《孩子不吃饭怎么办？》《总是掉发怎么办？》。

再次，标题要突出卖点。标题在编撰的时候，还有重要的一点需要把握，那就是要突出卖点。具体做法是直接把卖点用准确的语言概括出来就好，以求准确抓住目标用户。比如麦当劳的"麦当劳麦乐送30分钟内送到"，当这个标题出现在阅读者面前的时候，"到货时间短"的卖点就会对翘首以待的用户形成极大的吸引力。

内容为王，最关键的还是要写好内容。小公司在利用微信公众号进行营销的时候，要时刻把握内容的撰写技巧，这样才能吸引粉丝。枯燥无味的内容同样会招致用户的厌烦，同样会让人冷落。所以，要"微"营销要聚集人气，就要有精彩的内容作保障。要想写出精彩的内容，就要从以下三个方面做起。

一、注重有趣

有趣就是指内容要有足够的新意，有足够吸引人的地方。没人会排斥有趣的东西，但如何将自己的品牌和产品以有趣的方式呈现出来却是个难题。要做到这一点，关键是要用有趣的方式向用户介绍小公司和产品，语言要做到诙谐机智，还要时不时恶搞一下，这种风格深受用户喜爱。卖萌的表达方式也是做到有趣的一种重要方式，这样的微信内容是幽默风趣的，自然能够吸引用户的关注，起到推广公司和产品的作用。

二、强调利益

没有人喜欢直白的广告，但对促销信息却有很大的兴趣，这就需要在编撰内容的时候突出利益。突出利益是指小公司发布的信息要能够向用户提供一定的帮助，能为用户提供一定的实惠。所以，在对内容进行编辑的时候，不要对小公司和产品做出过多的包装宣传，只需要让用户感受到切实"赚了便宜"就好。

三、突出个性

个性也是小公司在搞"微"营销的时候应该把握的一个原则，只有把握个性原则，微信公众号内容才能跟其他公司"微"营销内容"划清界限"。要编撰个性的宣传内容，可以从网上选择个性的表达方式，比如曾经风靡一时的"凡客体""3Q体""淘宝体"等，都能拿来运用。如此的内容表达方式，能够为用户营造一种与众不同的服务体验，让他们感受到小公司能为他们带来高品质的服务和产品。

小公司如何利用微博获取流量

对小公司来说，企业微博的重要性不言而喻，不但可以塑造企业形象，而且还可以为公司引流甚至变现。很多小公司其实不是不知道微博的重要性，只是不知道如何做才能持续增加粉丝。

对于小公司来说，微博是个非常好的营销平台。因为微博用户使用微博的目的主要为记录自己的心情、寻找兴趣相同的群体、讨论共同兴趣的话题等，用户已将微博作为一个即时信息的交流平台，这在培养用户的信任感上具有其他媒体所不拥有的优势。所以，小公司如果能够每时每刻与用户在一起，分享生活点滴，传递产品理念，与用户共度过、共成长，让用户对品牌产生信任，这就能让小公司获得更多的流量，找到客户群体。

小公司管理者现在应该已经明确了运营微博的重要目的，那就是获取流量，寻找自己的用户。而对于小公司来说，获取用户的方式主要有以下三种：

第一种是通过话题找用户

小公司利用微博进行营销，可以利用话题的方式来寻找自己的用户，具体的方式是通过搜索话题直接找到参与话题讨论的人群。比如说，如果小公司的主营业务是运动服饰产品，作为小公司管理者和微博运营者就应该时常关注那些参与"NBA""世界杯"这类话题讨论的用户，并积极把这些人发展成自己的用户。

第二种是通过标签找用户

所谓的标签指的是每个人自身的特点或者喜好，每个人在注册微博时，都会为自己贴上旅游、美食、数码控等标签，这些标签是用户自身设定的，能够体现出个人的特点。而小公司微博运营者可以根据微博标签来对用户的特点，比如年龄、身份、职业、爱好等方面进行分析，从中找到可以成为公司用户的目标人群。

第三种是通过微群找用户

所谓的微群就是一群人因为某个共同爱好或感兴趣的话题聚到一起，进行交流和互动的群。小公司微博运营者可以通过微群讨论的主要话题来判断他们讨论的话题是否和自己的产品有着比较紧密的联系，如果是的话，可以把他们发展成自己的目标用户。

找到了目标用户仅仅是第一步，关键还是要把这些目标用户，也就是所谓的粉丝吸引到小公司的营销与推广中来。对于小公司来说，要想做到这一点，就要从以下四个方面努力：

（一）取得粉丝的信任

微博营销最关键的是要取得用户的信任，唯有取得用户的信任才能让粉丝帮助公司转发相关的产品信息，从而产生较大的传播和营销效果。小公司品牌营销力较低，而要取得粉丝的信任，就要不断与粉丝保持互动，同时还要做到经常转发、评论粉丝的微博，在粉丝遇到问题时及时帮助他们解决。这样才能与粉丝结成紧密关系，最终培养出公司的死忠粉。

（二）降低活动参加门槛

小公司可以采用定期举办活动的方式来吸引粉丝的关注，很多粉丝对参加活动有着浓厚的兴趣。然而，很多小公司在举办活动的时候总是会让活动环节变得杂乱，这让很多想参与活动的人止步。所以，小公司在利用微博举办活动时应尽可能做到简单易行，一定要在降低参加门槛的基础上举办活动，这样才能调动粉丝参与的积极性。

（三）用悬念激发粉丝兴趣

人都会对有悬念的东西保持浓厚的兴趣，小公司管理者和微博运营者一定要了解这一点，要依靠悬念激起粉丝的好奇心，从而调动粉丝深度参加的兴趣和长时期参与的黏度。对于小公司微博营销来说，悬念能够起到很强的营销效用。所以，微博运营者要善于利用这种方式来维护自己的粉丝，并借此展开营销工作。

（四）用奖品来吸引粉丝

小公司在进行微博营销的时候，可以采用奖品促销的方式，用奖品驱动粉丝的参与热情。没有人不喜欢奖品，微博运营者要善于利用人的这一心理，在利用微博进行营销的时候，以产品来吸引粉丝，让他们积极参与到小公司的微博互动中来。

需要提醒小公司的是，水能载舟亦能覆舟，虽然利用微博营销推广可以为小公司增加人气和粉丝，但有时也会招致负面信息和问题。如果遇到这种情况，小公司管理者和微博运营者一定要在第一时间行动起来，合理处理这些负面信息，第一时间给予关注能够给用户带来被重视的感觉，会让用户对公司产生一定的好感。同时，要在第一时间与用户接触、沟通与磋商，以寻找解决问题的办法。

▼ 打通线上线下，做好用户体验

在互联网时代，无论大公司还是小公司都要努力打通线上线下（O2O模式），搭上了互联网这个高速列车，公司才能生存下来并实现快速发展。而与拥有更多资源的大公司相比，小公司如果想在这个领域获得良好的营销、销售效果，关键就在于提供优质的用户体验。

在O2O模式下，小公司要做的是首先发挥小而灵巧的服务优势，增强用户体验。将网络购物的过程中消费者最担心的问题，积极转化到线下来解决，这就是小公司在O2O模式下最有魔力的地方。如果仅仅把注意力放在线上购物上，那么是有很大的缺点的，因为线上购物很多时候是先付款才能看到货品，这样就存在很多无法避免的问题，比如商品质量低于消费者预期、品牌款式不适合自身、在线服务态度差劲，等等。这些情况的出现会给客户带来不好的购物体验，长久下去就会导致客户的流失。

小公司O2O模式成功的关键是做好用户体验，而客户的线上体验是必须重视的一环。随着移动终端的快速发展，小公司要想提高用户体验就要重视移动互联网终端渠道。随着智能手机的不断普及，消费与支付行为都变得更加便利，小公司O2O要打造良好的线上体验，就要高度重视移动互联网终端。让客户可以直接在智能手机终端逛店，了解到新的商品上架和商品优惠信息等内容，并且完成购买行为。

在O2O模式下，做好物流服务对于提升用户体验也起着非常重大的作用，对于传统的网上购物来说，绝大部分的物流服务是第三方提供的，然而第三方的服务未必能够做得面面俱到，而在O2O模式下，电商平台和实体店结合，能够在一定程度上减少第三方物流的影响，给消费者不一样的体验。如优衣库推出的"门店自提"活动，即在网店下单后凭短信再到实体店提货，这不仅可以有效降低运营、快递等成本，还能把网上的客人吸引到商场里来。小公司可以充分利用"小而灵活"的特性，在这方面多下功夫，提供富有个性的服务，提升用户体验。

小公司要想提升用户购买体验，最重要的是把握服务至上的理念，而小公司管理者想要做好这一点，就要做好导购信息，这种导购信息不仅仅只局限在产品的销售和服务信息，而是消费、口碑加上信息咨询、产品价格咨询等在里面的导购过程。假设小公司下设连锁店铺，那么就要保证客户无论想了解哪家店铺的哪种产品，都可以通过服务热线获得自己想要的信息。同时，还要设置专业的客服，来为客户详细解答在购买前、购买中，或者购买后遇到的一切问题。特别是在售后问题上，小公司要提供"正品保障""先行赔付""价格特搜"等增值保障服务，同时还要设立专门的投诉电话，对客户投诉的问题予以100%的解决，以此来为客户打造良好的购物体验，让客户对小公司的O2O系统产生十足的信任，从而促进销售。

不管是线上还是线下，想让小公司O2O营销取得效果，获得更多的粉丝，小公司要做的就是结合互联网优势，提升用户购物体验，增加其购物信心，让其相信小公司的产品从线上到线下都是一样精良的，从而产生订单。

小公司App引流的三大模式

随着移动互联网的发展，App已经成为了一个普遍的引流和营销渠道。而小公司如果希望利用App来引流及营销，就必须有优秀的操作模式，这里我们介绍三种适合小公司的App引流模式：用户参与模式、植入广告模式、购物网站移植模式。

一、用户参与模式

这种营销模式主要指的是小公司把符合自身定位的应用发布到应用商店内，供智能手机用户下载，用户利用这种应用可以很直观地了解小公司的信息。用户是应用的使用者，手机应用成为用户的一种工具，在这种营销模式下，用户可以深入了解小公司及其产品，增强产品信心，提升品牌美誉度。

在这一模式下，小公司的具体做法可以是通过App终端，把公司每个阶段的促销信息、活动信息推送到客户的手机上，将小公司最新的产品展现出来。同时，鼓励客户把小公司最新的动态分享给好友和粉丝，并可把其当成电子会员卡，展示终端的客户就可以享受一定的折扣优惠和积分累计。

这种模式对于小公司App获取流量来说具有很大的好处，但同时也有一定的缺点，因为这样的模式需要小公司制作自己的App，在前期投入较大。

二、广告植入模式

植入广告是App引流当中最常见的模式，小公司通过在功能类、游戏类App中植入动态广告链接的方式打广告，用户点开链接就是小公司的介绍、销售页面。这种App引流模式对于小公司营销推广来说是有很大的推动作用的。

靠植入广告的方式来进行App引流取得良好效果的案例有很多。美邦就是其中的一个典型。利用社交应用App植入广告，服装品牌美特斯邦威在一个月时间内，其新品服饰推广就收到2.8万多份参赛作品，其中符合参赛标准的1.5万多份作品获得了28万多人投票，也就是说，平均每个作者要发动18个好友投票，产品信息也就被传递了18次之多。通过这个案例我们不难发现广告植入模式对于营销推广所起到的巨大作用。

小公司在高人气、娱乐性强的App中合理植入广告品牌信息，借助App的人气及流量，根据自身的品牌定位和产品的属性，定制新的App应用，这样就能让小公司与消费者建立良好的互动关系，使小公司获得更有效的客户群。

三、购物网站移植模式

这种模式基于互联网上的购物网站，是购物网站的手机App化，简单地说就是把小公司按照购物网站的方式以手机App的模式搬到手机上来。因为手机可以随身携带，所以用户可以随时随地浏览小公司的网站，从中了解、查看小公司的信息、产品的信息，以及相应的优惠活动。如果打通了支付功能，还可以在手机上进行购买、支付。在这种App引流模式下，客户可以方便快捷地查找自己需要的信息，并快速完成购买行为。这对小公司的客户维护、促进销售是非常有利的。

巧用数据细分定位目标客户群

为什么大小公司都注重定位自身的目标客户群呢？因为多数时候，一个公司无法将自己的产品功能丰富至可以服务于对同类产品有需求的所有客户，这就决定了公司要找到自己企业所服务的目标客户群体，否则就会造成资源浪费，甚至导致公司衰败，对小公司来说尤为如此。而所谓的目标客户群体就是指企业针对自身的能力向特定的客户提供有特定内涵的产品价值，这些特定的客户就是目标客户群体。

小公司要重视寻找目标客户群体，这也是互联网时代的特性决定的。互联网时代带来的是市场化程度的不断加深及买方需求的多样化，构成产业链的元素进一步分裂，市场细分也是互联网时代经济成熟的标志，为满足消费者日益细化的需求而衍生出许多细分行业使单元产业的价值链条得到不断增长，过去那种通吃产业链的产品已经成为过去时，而针对目标客户群体的细分需求制定产品定位才能增强小公司自身的竞争力。除了市场需要对目标客户群体进行细分之外，客户的差异性也是进行目标客户群体细分的重要决定因素，因为并不是每一个客户都适合小公司提供的产品与服务，也并不是每一个客户都适于成为公司的品牌忠诚者。而小公司要最大程度地实现可持续发展和长期利润，就要明智地只关注正确的客户群体。所以，小公司经营重要的一步就是对客户进行细分，找寻到哪些客户是能为企业带来盈利的，哪些客户不能，并锁定那些高价值客户。

互联网时代，大数据为分门别类研究客户、进行有效客户评估、合理分配服务资源、成功实施客户策略提供了依据，使小公司定位目标客户群体更加便利。所以对于小公司来说，首先要做好的最为重要的一步是根据客户群体的文化观念、消费收入、消费习俗、生活方式等方面的数据信息来精确寻找小公司的目标客户人群。有效的受众细分方法能让小公司灵活地组合数据来源，并且利用共通的属性去建立用户群组。这种有效的细分受众不仅能实现精准营销及优化，同时也能够大大提升小公司品牌的体验及情感。

小公司数据分析对小公司细分定位目标客户群的意义重大，而具体细分定位的方法是根据客户的行为来进行：客户产生购买行为后，就从潜在客户变成了价值客户，而数据解析客户的意义也就在于从购买时间、商品、数量、支付金额等行为数据评价客户的价值，这是有一定成交量的卖家的进阶式数据分析方法。如果是在传统模式下，这种大数据分析的模式一般是通过向数据公司购买数据，或者委托调研公司经过周密漫长的用户调研得出一份报告。但是在互联网时代，对于经济实力还比较小的小公司来说可以用更小的成本获取海量交易数据，进而分析消费者特征，定位目标消费人群。

小公司进行数据分析的第一步是寻找分析来小公司消费的客户。这些客户具体包括四种：第一，经常性或者大量购买该产品的消费者；第二，刚刚开始接触和购买同类产品的消费者；第三，对产品有最高期望值的消费者；第四，产品的早期使用者。对这四种客户的心理行为进行分析，能够精准确定小公司的目标客户人群。确定了要进行数据分析的客户后，小公司还要做的是对这些人进行大数据分析，具体的分析步骤包括以下四步。

首先，确定应该收集的数据。对于小公司来说应该收集的数据通常包括消费者性别、年龄、地域分布、消费习惯、喜好，以及与消费者自身相关的联系方式、体貌特征，等等。

其次，把消费者的这些数据整合在一起，建立系统的大数据分析系统。

再次，开发统计算法或模型，并把收集起来的数据进行分析，将分析结果作为对客户细分的基础。

最后，建立高级数据库、细分模型，根据分析之后得到的数据信息，最终确定小公司要服务的目标客户人群。

这就是小公司通过大数据分析定位目标客户人群的方法，这种大数据分析综合起来说就是：通过分析客户可支配收入水平、年龄分布、地域分布、购买类似产品的支出统计，对所有的消费者进行细分，进而确定小公司需要服务的目标客户人群。通过数据对小公司进行目标人群的分析，可以让小公司从产品到用户到营销整个流程变得更加的精准、全面。数据分析虽然重要，但并不是所有的小公司都能够很好地进行数据分析，很多小公司甚至不具备数据分析的能力，那么，为了寻找到具体的目标客户人群，小公司可以依靠第三方免费数据产品来实现，比如通过淘宝指数等来进行目标客户群体的定位，这无疑是一种比较方便快捷的方式，能够节省小公司人力与财力。

▌ 小公司直播带货快人一步

从2019年年底开始，直播带货迅速火爆网络，之后在疫情的影响下，直播带货也成了很多小公司的救命稻草。从目前来看，直播带货仍是流量洼地，直播现在所处的阶段非常像抖音、公众号的初期，如果小公司能够积极参与进来，那么就能够站在风口上收获一波红利。

直播带货可以与网红主播合作，也可以商家自播。在此，我们更推荐商家自播的形式，因为很多网红主播会收取不菲的坑位费及分成，为避免出现"赔本赚吆喝"的情况，商家应该努力自播，一方面这样可以更好地锁定利润，另一方面也可以给自身增加流量和粉丝，有利于小公司品牌传播和推广。一般来说，直播带货需要注意三点：一、利用公域流量，多个平台直播，广撒网多捕鱼。过程中要注意研究不同平台的特征，积累粉丝和流量；二、圈层效应，经营和利用好你的朋友圈，通过推荐和转发获得更多粉丝，这有点类似于社群营销；三、把握"人、货、场"三要素，实现流量积累和粉丝养成。

下面，我们就主要从"人、货、场"三角度讲一下小公司直播带货应该注意的问题。

首先说人（主播）。我们知道，主播的吸引力来自于视觉+听觉+表达。视觉方面，要求主播形象健康、美丽优雅，与所要推广的产品相匹配。比如说美妆、服装类产品直播，主播的形象就应该是时尚、自信、美丽的，而如果是图书的推广，那么主播的形象最好温文尔雅、富有气质；听觉方面，主播的声音要有特点和激情，语调明快，多用肯定句，声音一定不能太小太弱；表达方面，主播不一定要舌灿莲花，最重要的是真诚自然，最好能给人以亲切感，需要注意的是主播要善于炒气氛，不能冷场。

主播要有一定的专业度。无论推广什么产品，主播首先要能帮用户解决两个问题——买什么和为什么买。买什么的问题：主播应该能够充分释放产品信息，要做到这一点就要认真了解产品，能用最短时间讲清楚产品，对产品的一些特性和卖点脱口而出，而且能够把专业词汇做通俗表达。为什么买的问题是说主播需要给用户一个做出购买决策的依据，通俗地说，就是直接告诉用户：你为什么要买这个产品。关于如何找依据，这里有三个小建议——利用从众心理、找到用户痛点、用价格刺激用户。在直播时强调某件爆品的销量数量超过几万、产品曾获得过奖项、直播中给出最低价等，有助于提升销售转化率。

主播要学会逼单。在直播中，主播要多利用限量、限时、绝版、整点抢等语言工具，促成用户冲动消费，快速下单。

主播要试着建立人设。卖人设能够唤醒用户天然的情感链接，建立了信任之后，用户更容易下单。但是小公司主播想要建立起人设，单靠几次直播是不行的，一定要多刷存在感。当然，卖人设有好处也有坏处，好处是可以增强购买力和爆发力，产品容易脱颖而出，而坏处是人设易碎，导致粉丝流失。

其次说货（产品）。很多小公司都在做直播，但是销售效果往往不尽如人意，很多时候是因为他们没有注意到一个问题，那就是产品一定要与平台匹配。直播前应该给各个平台做一个用户画像。比如淘宝直播的用户，一般为年轻女性(包括大学生群体)，她们有一定消费能力；快手的用户一般是五线以下城市人群，这个群体更青睐低价商品。只有找到合适的平台，才能实现销售的爆发。

选好了与产品匹配的平台后，小公司还要注意保证产品质量，并且要做出售后承诺，让客户放心下单。有一句话叫作"不怕粉丝少，就怕货不好"。互联网时代，小公司管理者一定要认清口碑的力量，如果无法保证产品质量，无法让客户对自己持续输出信任，那么直播带货做的越多，业务就会越差。

需要提醒小公司管理者的是，由于小公司粉丝少、主播缺少影响力，一定要注意前期密集宣传，微博、朋友圈都可以充分利用起来，尽量增加观看人数。

最后说一下场（直播间）。我们在网络上看到的最简单的直播间，大概就是一人一桌一个书架或货架背景，这个直播间不能说不合格，但是确实不够好。直播带货的时候，直播间其实比我们想象的更重要一点，直播间应该是一个具有真实感的场景，这样才能更顺利地唤醒客户意识，让客户产生购买欲望。举例来说，服装行业的主播，如果在一个狭窄的办公室里直播，就不如把直播搬到库房，具体的场景会让直播更立体、更易被接受。还有一点就是，直播间要能提升用户体验。建议采用高清直播设备，这样可以做好产品的细节展示，在直播中，往往细节决定成败。

小公司做直播带货一定要把握节奏，多直播，多刷存在感。直播结束，也并不代表着直播工作的结束，管理者和主播还要进行现场复盘，进行数据统计和分析，考察销售转化率、转粉率。在此基础上可以建立粉丝群，持续曝光公司产品，将公域流量转化为小公司私域流量。

第六章

创新术：
自我"蜕皮"，脱胎换骨焕生机

优胜劣汰是商业丛林的永恒法则。一个偏于一隅、因循守旧、不思进取的公司是没有出路的。正如汽车大王亨利·福特所言："不创新，就灭亡。"

任正非指出：创新就是在消灭自己，不创新就会被他人消灭。在市场竞争白热化的市场环境中，小公司只有大胆突破过去的框架，不断求新求变，才能挺立时代潮头，立于不败。创新是小公司的生存之源，是小公司长盛不衰的不竭动力。

三 小公司求生术 三

▌从小作坊到大公司：苹果创新之路

1976年4月，26岁的史蒂夫·沃兹尼亚克和21岁的史蒂夫·乔布斯从大学中途退学，创建了苹果计算机公司。

第二年夏天，沃兹尼亚克开始设计苹果Ⅱ型计算机。这一回，他的目标是要把个人计算机变成具有专业水平的实用设备，他的技术创新是苹果Ⅱ型取得成功的关键因素。

麦克纳不愧为营销高手，他为苹果计算机公司设计出了著名的苹果商标。这个缺了一块的苹果，比完整的苹果更能抓住人们的视线，记忆更深刻。而且，麦克纳还建议放弃传统微型计算机以金属为外壳的模式，将苹果Ⅱ型安装在米色塑料外壳中，既降低了造价，又使产品更有现代味道。这无疑是一个出色的促销计划。

苹果Ⅱ型是第一台具有彩色显示功能的计算机，它还可以直接同家用彩电接口，节省了顾客购买彩色显示器的额外开支。1977年6月，苹果Ⅱ型刚刚上市，就使苹果计算机公司的产值突破了100万美元。靠着苹果Ⅱ型机的强大冲击力，苹果计算机公司成为美国发展最快的计算机公司。到1978年底，全国已有300多家苹果计算机代理商。

拥有更大存储空间、更简便的启动系统以及打印机的苹果Ⅱ型加强机在1979年掀起了更大的购买热潮。这一年底，公司的销售额比去年增加了400%，平均每天销售出100台计算机。在1980年5月推出的"苹果FORTRAN"语言，使苹果计算机公司除了在硬件上拥有领先地位外，又增强了在软件方面的实力。

1980年12月，苹果计算机公司走上了公营股份制道路。1981年，公司把用于研制开发的经费扩大了3倍，达到2100万美元，突破点从耗资大、风险高的系统革新转移到软件和硬盘这类投资少、见效快的局部革新上。公司连续上市了40余种实用软件程序库，并推出了存储能力远远超过软盘的硬盘系统。

为了与强大的IBM公司争夺个人计算机市场，1983年，苹果计算机公司推出了"利萨"计算机。"利萨"计算机引入了鼠标器，它可以使用户根据显示屏上的图像提示，自由选取自己需要的功能，摆脱了对键盘指令不熟悉的心理障碍，增强操作信心。

1983年4月，乔布斯请来了前百事可乐公司总裁斯卡利出任苹果计算机公司总裁，希望利用其丰富的营销经验来拯救形势不妙的苹果计算机公司。斯卡利针对"利萨"暴露出的问题进行大规模改进，首次引入3.5英寸软盘取代5.25英寸软盘以提高信息存取速度，增加联网能力。

经过一系列改革后，苹果计算机公司在1984年推出了"利萨"改进型计算机"麦金托什"。斯卡利在全美推出了一项前所未有的促销行动，在"尝一尝才知道苹果的滋味"的口号下，苹果计算机公司允许顾客把"麦金托什"带回家试用24小时，再决定是否购买。这项活动一推出，就有20万人踊跃参与。"麦金托什"上市100天，售出7万台。在此后的6个月中，苹果计算机公司又对"麦金托什"做了进一步的功能扩充，包括双软驱动器、硬盘驱动器、激光打印机，等等。

虽然"麦金托什"使用简便，但系统软件与风靡市场的IBM公司计算机不兼容。到1988年底，能与IBM系统兼容的"麦金托什"销售量突破100万台大关，其产值占公司总产值的70%。苹果计算机公司靠"麦金托什"迎来了新的增长。

1993年，乔布斯关闭NeXT的硬件部分，斯卡利离开苹果公司。1995年，《玩具总动员》一举成名，并进入股市。1998年，苹果公司的iMac机型成为美国最畅销的个人电脑。1999年，苹果公司推出iBook、G4和iMacDV。2001年5月，苹果公司推出新款iBook，并宣布苹果产品要成为数字化生活的核心。2001年10月，苹果公司推出第一款Mp3播放器（iPod）。2004年12月，苹果电脑公司展示了新型的iMacoch G5计算机，它不但拥有高性能的G5处理器，并且将一台完整的计算机系统装入厚度仅为5厘米（2英寸）的空间中，成为当之无愧的世界上最薄的台式机。

苹果电脑公司始终没有停止技术创新的脚步，公司采取的营销策略也在不断革新，也正因此，它从创立到现在一直走在同行业的前列，从一间名不见经传的小作坊发展为世界级大公司。

随着知识经济时代的不断发展，创新已成为时代发展主旋律，成为公司发展的永动机，没有创新的公司无法在竞争中取得优势，也无法保持永续发展的能力。小公司要想在群雄逐鹿的商业丛林中存活下去并得以壮大，就必须学会创新，把创新当成公司的原动力和核心竞争力，群策群力、持续不懈地追求创新。创新是小公司突破经营瓶颈、实现基业长青的法宝。

▚ 创新是小公司强大的必由之路

市场发展到一定程度，资本越来越集中，竞争也必然越来越残酷，尤其在国内，消费增长比投资增长慢，必然会导致生产过剩的时代提前到来，所谓的"红海"战略描述的就是在这种环境下竞争的公司战略，其中一个主要特点就是"血腥"。资本集中导致产品技术竞争的差异化程度越来越小，创新就成了许多公司的救命稻草。

创新做得不好，公司要想发展就面临着严重的瓶颈。据统计，中国的公司收入只有一成来源于创新。

有一个美国记者走访了某跨国公司在上海和美国密歇根州的两个工厂，发现生产同样的汽车配件，美国工厂只多出20%的员工，产量却多出3倍；尽管工人的薪水要高出10倍，美国工厂的毛利率却比中国工厂高出1/3。

有一位经济学家把公司成长的制约因素归纳为市场约束、要素约束、创新约束，并且认为创新力是公司的最核心竞争力、最重要的利润源。的确如此，公司要壮大，内部管理、市场营销这些基础性的工作都需要去抓，但是如果忽视了创新，就失去了竞争力、失去了生命力。

创新不仅是公司自身发展的需要，更是适应越来越严酷的市场竞争形势的需要。不创新，创业就得不到发展；不创新，创业就会落后，直至被淘汰。对于已有一定发展历史的大公司是如此，对于刚建立不久的小公司更是如此。

在风云变幻的当代商海中，小公司不仅面临市场形势可能恶化的压力，还要时时提防被大公司挤压、吞并，生存之难可想而知。因此，小公司要想在市场上获得一席生存之地，并能得到长久的发展，就必须不断地革新自我，就必须通过创新这一关口。

创新是公司发展永久的发动机，是公司经久不衰的永恒主题。一个公司的创新是在公司第一领导人——管理者的带动下进行的，一个没有创新精神的管理者是不会带出一个创新的公司的，创新是企业家精神的全面再现。

小公司成立后，会时时刻刻面临着危机的冲击，要能够保持持久的活力，要持续不断地发展、壮大，就离不开创新。管理者应时刻保持创新意识，不断追求创新，通过持续的创新，应对市场竞争中的各种挑战，冲破一个又一个难关，带领公司走向新生和强大。

▌ 驾驭好创新的"三驾马车"

小公司要做好创新，就必须驾驭好创新的"三驾马车"——领导创新、观念创新与技术创新，三者在公司创新的过程中相辅相成。

1. 领导创新

领导者是否具有创新精神往往对公司起着导向性的作用。

首先，领导者能预见到别人所不能预见到的新的投资领域或新的盈利机会，从而获得新的盈利。其次，领导者的创新行为还有心理上的因素，即除了致富的目的之外，还通过创新显示个人成功的欲望而拥有成就感，它是一种非物质的精神力量，支持着领导者的一切行为和活动，是一种"战斗的冲劲"。

创始初期的IBM只是一家生产打孔机的小公司。1952年2月，IBM内部从事研制电子数据处理系统的有关人员只有85人，那时IBM最高决策者、身处第一线的专家们都认为，公司最初生产的两种计算机若能销售5台就能满足市场上的需求。只有公司的总经理，参加过"二战"的小托马斯·沃森不顾其他经理的劝阻，坚持转向电子数据处理系统，小沃森反复劝导他们，使他们和自己站在同一战线上，并力主推进由穿孔卡片系统转向电子数据处理系统。

转入计算机产业后，IBM觉察到美国政府将要实行的新政策会引起办公的自动化革命，于是小沃森决定改进霍勒利斯统计会计机，为此不惜投入大量的研制费用，在经济不景气时期大肆扩大生产。结果当美国政府实行新政策，随着事务工作量的急增而需要机器处理时，只有IBM能够提供充足的具有高效能的机器，IBM由此取得了巨大的成功。

2. 观念创新

经济环境一变再变，公司想要掌握商机、追求最大获利目标，要靠释放全体组织，加强对内对外的协调联系、分工合作，让经营系统更有活力。也就是说，让每个员工用新的工作态度，用诚意交谈、沟通，交换创新的点子，使公司的每个环节动起来，活力四射。

但是，好点子要能派上用场，所以要观念创新。

观念创新不光指增购电脑换个作业流程，而是指个人观念的改变，永远保持学习的态度。一旦选择了目标，就要坚持下去；一群人分工合作所发挥的能力，比各自为政还要强，这个信念将组织的成员联系起来，激发员工做得更好，超越预期。

3. 技术创新

管理者具有强烈的创新意识，员工的观念进行了创新，那么，实现组织最终的创新还需要一个环节——技术创新。

在美国南北战争时期，联邦政府急需大批枪支，并与美国一家制造商签订了两年内为政府提供1万支来复枪的合同。当时造枪工艺为手工制造，而且从制作所有零件到装配成枪支，整个过程全部是由一个熟练工匠来完成。由于效率很低，第一年仅生产出500支枪，所以无法保证按时完成合同。如果按照传统的思维，依靠增加人手或加班加点，也是远水解不了近渴。

为此，厂商十分焦急。既然每支枪的零部件都是一样的，为何不采用每个人制造一个部件，然后再由他人组装成一支枪呢？新的思维方式使厂商犹如走出迷雾，随即改为流水作业批量生产，即把整个造枪过程简化为若干工序，每一组成员只负责一道工序，每一个零件都按一个标准制成。结果，无论效率还是质量都大幅度提高，生产成本也大幅下降，其发明者也因为首创标准化而被誉为美国的"标准件之父"。

先进的生产技术和管理技术不但能够明显地提高工作效率和产品质量，同时也是提升竞争优势的原因所在。对生产效率和产品质量的要求不断增加，使技术上的创造和革新成为必然。

小公司只有驾好创新的"三驾马车"，才能构建活力四射的创新型团队和公司。对于管理者而言，保持创新意识才是王道。

▌ 小公司创新的三大突破口

公司的发展一旦遭遇困境,当一筹莫展之时,最有效的办法就是创新。思路决定出路,创新是打开市场突破口、开掘新市场、拓宽新局面的必胜策略。

小公司在创新过程中需要瞄准以下三大突破口,集中精力,进行攻坚,达到突破困境、开辟生路的目标。

1. 创新经营思路,打开新局面

当市场环境发生变化,公司出现经营吃力、利润减少、效益降低、价格浮动等不利情况时,必须调整和转换经营思路,才能突破市场困境。

2. 创新产品品质,占据竞争优势

专注产品品质,在一定程度上会缩小公司规模,进行品质创新,才可能在竞争中占据优势,才能不断扩大市场份额。

3. 创新盈利模式,拓宽利润渠道

借鉴一下成功公司的盈利模式,找到获得丰厚利润的原因和方法,在此基础上创新自己的盈利模式,有助于利润率的提高。

市场上的很多不确定因素都会给公司带来风险和巨大的考验,唯有不断地创新,才能抵抗住商业潮流中的风浪。

▎ 小公司产品创新三术：新、奇、特

一个公司要想赢得广大消费者的信任，要想拥有广阔的市场，就必须靠产品来说话，为社会和消费者提供质量过硬、与众不同、具有时代气息的全新产品。

如何让自己的产品受到消费者的青睐，让消费者从琳琅满目的产品中选择并购买你的产品？答案是：产品创新。

公司只有进行产品创新，不断地使产品更新换代，用新结构、新工艺、新材料、新技术开发出一系列"新、奇、特"的产品，才能迅速占领市场。

旭日升集团首创了"冰茶"这一概念，经过八年的打拼，成为冰茶领域的霸主，并入选中国驰名商标，但从2001年开始，一日千里升腾起来的旭日，让人无法想象地滑向了"迟暮"的轨迹，2002年下半年旭日升停止铺货。曾一度风光无限的"旭日升"日渐成了人们心中的一道"蓝色记忆"。

不可否认，旭日升在市场初期是成功的。当人们还在怀疑把茶装进易拉罐，这种喝法是否会流行起来时，"旭日升"却将"冰茶"这种新鲜的产物，凭借超凡脱俗的工艺特色抢先占领了国内茶饮料市场，而且率先在国内饮料界采用了OEM的生产方式。旭日升的创新绕开竞争激烈的饮料市场，为其开辟了一块广阔的冰茶世界。

然而，先发制人未必能够长久。在随后的事业扩张、管理失衡的情况下，快了半步的旭日升也逐渐被公司自身的弊病拖住。公司管理制度滞

后，阻碍了旭日升的持续发展。就在旭日升集团疲于应对"内忧"之时，"外患"也紧逼而来。原来，旭日升冰茶的独家生意很快被对手模仿，巨大成功引来众多竞争对手的跟风。娃哈哈、康师傅等对该市场觊觎良久的公司，迅速推出冰茶系列产品以求分一杯羹。

面对竞争对手的挤压，1999年，旭日升集团将官司打到了工商总局。工商局裁定："冰茶"是旭日升商标的特有名称。但法律的裁定并没有帮助旭日升挽回市场份额，无孔不入的对手竟然在冰红茶、冰绿茶等方面做起了文章。这使得旭日升集团就像哑巴吃黄连，而且由于冰红茶、冰绿茶的定位比旭日升更加准确，导致竞争对手进一步蚕食旭日升的市场份额的速度加快。随着数家品牌公司主打"冰红茶""冰绿茶"而成为行业新宠，旭日升创造出来的概念也日渐被稀释、弱化，它也就沦为了明日黄花，渐渐走向落寞的境地。

专家认为，"旭日升"的由胜转衰说明，市场上没有永远的霸主，只有永远的竞争对手。正是因为旭日升故步自封、没有继续开发新产品，导致它最终走向了衰败。从某种程度上说，打败旭日升的不是别人，恰恰是它自己。

前事不忘，后事之师。时代在变，环境在变，竞争对手在变，作为小公司的管理者应该善于学习，具有否定自己的精神。只有摆脱思维定式的束缚，才能创新性地开发出好产品。

市场经济充满竞争，也充满机会，观念就是效益，思维就是出路。不论是开发产品，还是拓展市场，如果亦步亦趋地拘泥于旧有的思想，那将十分被动。小公司的管理者应有"敢想别人所未想，敢做别人所未做"的创新思维，善于从市场中寻求空当，从信息中捕捉商机，从观察中启迪灵感，敢于以一种全新的视角去看待事物，这样才能开发出竞争力强的产品，从而抢占市场先机，赢得主动，在竞争中取得胜利。

创新是小公司生存和发展的灵魂，唯有开发出“新、奇、特”的产品，小公司才能赢得广大消费者的关注，才能打开市场，才能产生无比巨大的效益，才能在市场上一枝独秀，与大公司竞争。

可以允许失败，但不允许不创新

小公司的管理者不仅要专注于创新，做公司创新的带头人，而且还要在公司内营造创新氛围，大力开展各种创新活动，鼓励员工进行创新。

对于员工的任何一种创新活动，管理者都应该予以尊重，同时还应该采取各种方式给予激励创新。也就是说，凡是有创新思维的人和在创新实践中有建树的人，都应该受到应有的尊重，而且应该在各方面给他们以最大的激励。

IBM公司的一位高级负责人，曾经由于在创新工作中出现严重失误而造成1000万美元的巨额损失。许多人提出应立即把他革职开除，而公司董事长却认为一时的失败是创新精神的“副产品”，如果继续给他工作的机会，他的进取心和才智有可能超过未受过挫折的人。结果这位创新失误的高级负责人不但没有被开除，反而被调任到同等重要的职务。公司董事长对此的解释是："如果将他开除，公司岂不是在他身上白花了1000万美元的学费？"后来，这位负责人确实为公司的发展做出卓越的贡献。

吉姆·伯克晋升为约翰森公司新产品部主任后的第一件事，即是开发、研制一种儿童使用的胸部按摩器。然而这种新产品的试制却失败了，伯克心想这下可要被老板炒鱿鱼了。

伯克被召去见公司的总裁，他却受到了意想不到的接待。"你就是那位让我们公司赔了大钱的人吗？"罗伯特·伍德·约翰森总裁问道，"好，我倒要向你表示祝贺。你能犯错误，说明你勇于冒险。我们公司就需要你这种有冒险精神的人，这样公司才有发展的机会。"

数年之后，伯克本人成了约翰森公司的总经理，他始终记着前总裁的这句话。

对于小公司来说，人才少、资金少，创新是一个比较薄弱的环节，所以，对创新的一点怠慢都可能会打击创新人员的积极性和主动性，进而影响公司的最终收益。管理者应对创新人员给予尊重，并设立激励机制，让更多的人加入用创新来为公司创造效益的团队中来。

世界上很多知名公司都很尊重与欣赏员工的创意，并且设置了价值丰厚的奖励，3M公司就是其中一家。3M公司鼓励每一个员工都要具备这样一些品质：坚持不懈、从失败中学习、好奇心、耐心、个人主观能动性、合作小组、发挥好主意的威力等。

时代华纳公司的已故总裁史蒂夫·罗斯曾说："在这个公司，你不犯错误就会被解雇。"硅谷公司流传的名言是"失败是可以的"。那里的公司普遍推崇的价值观就是"允许失败，但不允许不创新""要奖赏敢于冒风险的人，而不是惩罚那些因冒风险而失败的人"，以至于有人认为："失败是硅谷的第一优势。"这些都表现出勇于变革的公司对待创新失败的宽容态度，它实际上已经成为一种理所当然的创新理念。

创新活动必然面临着诸多风险，要承受许多的失败，此时，管理者应对员工的创新行为予以宽容和尊重，并鼓励员工继续在创新之路上前行。

管理者应该非常重视对员工创新精神的保护，而且在经济方面和其他方面还应该给员工以激励，使公司创新精神在尊重和激励中得到发展，从而推动公司的全方位创新，在公司内掀起一场创新的风暴。

▶ 自我"蜕皮"，脱胎换骨

老鹰是世界上公认寿命最长的鸟类，它的年龄可以达到70岁。然而要活那么长的时间，它必须在40岁时做出痛苦而重要的决定。

当老鹰活到40岁时，爪子开始老化，无法有效地抓住猎物；喙变得又长又弯，几乎碰到胸膛；翅膀也变得十分沉重，因为羽毛长得又浓又厚。这时，它只有两种选择：等死或是经过一个十分痛苦的更新过程——150天的脱胎换骨。

若选择脱胎换骨，它必须很努力地飞到山顶，在悬崖上筑巢，停留在那里，确保安全。老鹰首先用它的喙击打岩石，直到完全脱落，然后静静地等候新的喙长出来。接下来，它会用新长出的喙把脚指甲一根一根地拔掉。当新的指甲长出来后，它再把羽毛一根一根地拔掉。几个月后，新的羽毛长出来了，它便又能够自由翱翔，获得30年的岁月。

小公司要想有长远的发展，有些时候就必须做出困难甚至是痛苦的决定。公司成长固然好，但问题也是如影随形的。正是因为成长了，其"喙"其"爪"使公司的生命力衰退，其"毛"使"机体"日渐臃肿，"敏感度"也日益迟钝，对市场的反应能力大不如前，所以公司就面临着危机。这种时候公司管理者就要痛下决心，自我否定，革除弊端，让公司脱胎换骨，焕发生机，重占市场。

在经济发展日益迅速、竞争白热化的今天，管理者既定的思维模式和已有的知识已不足以支持对突破性变化的判断，也不足以支持本质性的创新。因此作为公司管理者，一定要将过时的观念、知识进行定期的淘汰，不要让过多陈旧的东西充斥你的大脑，要有计划地学习创新所需要了解的全新的知识、技术，要敢于产生颠覆性的思想，要勇于改变现有的并被认为是极为成功的思想观念、模式及组织架构；否则将难以获得颠覆性创新的成功。

自我否定、自我淘汰是极其痛苦的决策过程，这一点并不难理解。英特尔前总裁安迪·格鲁夫在其著作《只有偏执狂才能生存》中用这样的字眼来描述1985年他和戈登·摩尔在做出放弃自己的核心业务——存储芯片业务、进军充满了不确定性的未知世界——微处理器领域的决定时所承受的切肤之痛："规模空间的危机""徘徊在死亡之谷""漫长而艰难的拼搏"等。但正是这样的痛苦成就了一代商界领袖、一个伟大的公司，如果没有当时他们超凡的智慧和果断的决定，我们可能永远也无法听到英特尔这个响亮的名字，个人电脑可能也不会以今天这样的速度进入千家万户。

1985年，来自日本厂商的竞争将英特尔的内存芯片变成了廉价日用品，失去稳定利润源的英特尔，被贴上死亡的标签。但英特尔没有坐着等死，而是彻底退出内存芯片市场，全力转向微处理器。当时，英特尔的创始人安迪·格鲁夫和戈登·摩尔坐下来反省自己，答案是放弃内存芯片。

联想集团柳传志曾这样评价英特尔对行业的巨大贡献："假如没有英特尔超凡的业绩，那么近20年来全球性的电脑产业日新月异的蓬勃发展将会大打折扣。"这些都应归功于格鲁夫、摩尔的战略眼光和自我否定的大无畏勇气。

自我否定与自我淘汰虽然痛苦，但对于公司的创新和活力却十分必要，许多公司正是在犹豫不决或对过去成功模式的陶醉中错过了大好机会。公司外部环境与内部资源时刻都在变化，必须用新的战略、战术来解决新的问题，一味地套用老的模式和思路只能招致失败。

对于小公司的管理者来说，要大力提倡自我淘汰的精神，它是企业家创新意识的充分体现。只有拥有自我更新的"蜕皮"的魄力和行动，才能确保公司生生不息，长盛不衰。

▶ 与众不同辟蹊径，引领创新浪潮

马云认为："做生意就一定要做到独特。靠什么吸引顾客，靠在经营上以独特的个性和少见的手法，靠在经营商品的新奇与稀有。""创新的源泉就是与众不同。"

盲目从众的做法在当今的市场中是无法立足的。创新，不仅是智能的创新，技术的创新，更是个性的创新。小公司如不清楚自己的独特之处，不了解自己潜在的优势，就很难做到真正的创新，很难凭真本事去参与竞争，也就很难在择优的环境中显出实力。

加布里埃·香奈儿是香奈尔公司的创始人，她有一段很不愉快的童年。1883年香奈尔出世时，父母尚未正式结婚，她后来对自己是个私生女这件事始终耿耿于怀。香奈儿12岁时母亲去世，父亲抛下了他们5个兄弟姐妹，自此不知去向。这个残酷的事实使她在以后的日子里总要极力掩饰那段悲惨的童年生活。之后她在修道院的收容所里，度过了暗淡的少女岁月。18岁离开修道院后，几经周折，她尝试过各种不同的工作，甚至有过短暂的歌唱生涯。据说这也是她的别名Co Co Chanel的由来。

1909年，香奈儿在巴黎开设了第一家店面，销售的商品是帽子，简单大方且带有中性色彩的设计，立刻引起巴黎流行界的注意。此外，斜纹软呢布料的无襟外套加上裙子的组合，形成风格独特的香奈儿式套装，在时装界造成极大的轰动。1945年德国投降，第二次世界大战结束后，香奈儿由于和德国纳粹军官谈恋爱而被流放到瑞士。1954年，她重回流行服饰界东山再起。

1923年香奈儿发表"No.5"香水后，在香水世界掀起一股革命风潮。这款香水不但配方和香味十分前卫，就连香水瓶身都采用前所未见的新颖形状。香奈儿就在当时的情况下，说出了本节这句名言。香奈儿通过设计，表达出她的精神、想法及独立女性的生活方式，同时她想借由商品，让所有的女性也能展现自我独特的魅力。

随着香奈儿品牌成为法国一流商品代表的同时，香奈儿本人也赢得当代超级名设计师的封号。很多客人不单是想买香奈儿的产品，也把香奈儿当成模仿的偶像。尤其香奈儿与德国纳粹军官的恋情，虽然是当时最大的丑闻，但香奈儿一心一意为爱奉献的生活方式，也成为战后女性争相仿效的对象。这些女性不但疯狂支持香奈儿的商品，还热烈欢迎她重返时装设计界。

正如她所说的："想要成为无可取代的人，就必须经常标新立异。"香奈儿本身敢于挑战传统，向世俗唱反调，像男女装混穿，把休闲服变成时尚流行，肩背式皮包与套装，解放女人也开创女性时尚时代的来临，一直风靡到现代的黑色小洋装，打破当年黑衣服只能当丧服的规定，香奈儿创造了一个属于她自己的时代！她大胆说出："戴巨大帽子还能活动吗？"终结巨大女帽的年代，她所设计的简洁女帽成为潮流尖端。她，有用不完的创新点子；她，表现出冲突同时表现出她对人心的透彻了解。香奈儿一生都没有结婚，她创造伟大的时尚帝国，同时追求自己想要的生活，其本身就是女性自主的最佳典范，也是最懂得感情乐趣的新时代女性。

战略大师迈克尔·波特曾经说过："作为一个公司，你不是要找出唯一的灵丹妙药，而是要找出一种适合你的方法，使你做到在业界与众不同。"小公司要想在日益激烈的市场竞争中取得成功，就要学习香奈儿的精神，另辟蹊径，坚持走独特的创新路线，做到与众不同，不能照抄照搬其他公司的想法和做法。创新一定要有自己的个性，这样的创新才有生存的优良土壤。

小公司要走自主创新的路子

小公司创新，要走自主创新的道路。

没有自主创新，小公司只能充当别人的"产品组装车间"。许多产品的核心技术部件能够制造得出，却创造不出，只能将一笔笔高额的专利费拱手送出，自己只获得少量的利润提成。这种形势必然影响小公司的发展，成为制约小公司发展的一大瓶颈。

因此，小公司要想开辟利润空间，增强公司的实力，成为市场中的强者，就需要具有非凡含金量的自主创新能力。

小公司如何才能走出一条自主创新的路子呢？

首先，加大投入推动自主创新。

公司推进自主创新，主要还是靠公司自主投入。公共财政的投入一方面非常有限，另一方面也只能用于政策激励和扶持，起一个导向的作用，公司始终是创新投入的真正主体。总体上看，公司在创新上的投入说到底是一个发展理念和眼光、胆略和气魄的问题。

其次，善于借外力来加快自主创新。

创新必须是开放的，关起门来搞创新必然行不通的，也不会有成果。充分利用一切可以利用的资源，才是自主创新的题中应有之义。原始创新、集成创新、引进消化吸收再创新，这三个自主创新的路径当中最现实、最可行的就是引进消化吸收再创新，借助外力发展自己。可以这样讲，现在走在技术创新前列的公司，无一不是推进开放式创新的典型，通过引进资本、引进人才、引进技术等方式，在此基础上大力开发具有自主知识产权的产品和关键技术，实现了技术跨越。实践证明，这是一个十分重要的思路。

最后，依靠人才来支撑自主创新。

人才是创新发展的根本支撑。管理者不可能都成为专家、学者、发明家，但是要有识才的慧眼、用才的高招、容才的雅量，要尊重人才、大胆任用人才，做到人尽其才、才尽其用。管理者要营造有利于创新的良好环境，要善于激发各类人才的创新活力和潜力，调动他们的创新精神，激励他们争当创新的推动者和实践者，使创新在公司内成为一种风气。

▋ 打破条条框框，小公司也有大气象

公司好比斜坡上的球体，由于受到来自市场竞争和内部员工惰性的影响形成的制约力，有向下滑落的本性；要想使它往上移动，需要两个作用力：一个是支撑力，保证它不向下滑，这好比公司的基础工作；另一个是拉动力，促使它往上移动，这好比公司的创新能力。这两个力缺一不可。公司要稳步发展，必须使公司的拉动力大于制约公司的制约力。公司要发展，就必须打破教条主义、经验主义，不断创新，创立充满生机和活力的现代公司。

现在几乎所有的美国人都知道健怡可口可乐，它是可口可乐公司在

20世纪80年代推出的一种减肥可乐。但是并没有多少人还记得"特伯"。其实"特伯"才是可口可乐公司最早的减肥可乐。那么为什么"特伯"失败,而健怡可口可乐能够成功呢?

1962年新任董事长奥斯汀的首要任务之一,就是发明一种新的减肥饮料。20世纪50年代美国妇女越来越留心食品的卡路里含量了,她们疯狂地努力向肯尼迪总统夫人苗条的身材看齐。1961年,"皇冠"把它的减肥可乐在全国推销,强力冲击可乐市场。在市场调查显示28%的人们密切关注体重之后,可口可乐和百事你争我抢地追赶减肥可乐。奥斯汀给可口可乐的减肥饮料研究编码命名为"Q计划",投入的大量人力和精力丝毫不逊于后来在健怡可口可乐上的投入。

问题出现在对新产品的命名时期。汤姆·劳——芬达饮料公司主管营销公司的"一把手",论证说应该把它取名为健怡可口可乐。但遭到奥斯汀的厉声驳斥,"这个建议简直是异教邪说,为什么公司要拆分自己的招牌,而将其用到另一种减肥饮料上呢?况且,难道另一种带有可口可乐名字的产品不会削弱商标、搅混顾客、影响已经低迷的装瓶商士气吗?"最终新产品选定TaB(特伯)的名字。

因为公司对这种新生的健怡饮料态度含糊,特伯没能成为减肥饮料市场的主控饮料——美国整个软饮料消费中1/10多都消耗在减肥饮料市场上。截至1964年,特伯只在这个关注体重者的市场上占据10%的份额。"饮食百事"也在那年首次亮相,因为百事不像可口可乐有太多的传统羁绊,于是它抓获了更多的市场份额。

随着市场形势的变化,1980年新任CEO郭思达和戴森重新开始了生产减肥饮料的计划。健怡可口可乐这种新产品将会构筑一条"延伸的生产线"。时机与民意相得益彰：消费者没有减少可乐饮料的消费量，但由于减肥时尚的开始，他们的消费方向也发生了相应的转移。

这一次不同的是，整个工程的重点在于使用了可口可乐名字的"商标权"。他们深信，健怡可口可乐会给公司带来活力。就像在1980年给公司高层的备忘录里说的那样："过去几年，我们的公司形象已经沦为传统、固定和保守。"郭思达指出可口可乐的被动时代应该结束了。

"不能适应就要落后或者被淘汰——不管现在的位置有多高。"他直言不讳，"没有所谓神圣不可侵犯的东西。"为了解决竞争问题，郭思达强调他会考虑"修改任何一件或所有产品的配方"。

新产品投入市场立竿见影，健怡可口可乐超出了公司原有的期望。1983年底，它已经赚取了均衡苏打市场17％的份额，成为美国饮料界第四大畅销产品，并且占领了28个海外市场。重要的是，健怡可口可乐打破了死板的教条，为可口可乐公司注入了活力。

可口可乐的创新实践为我们带来有益的启示，那就是：创新不是空洞抽象的，从根本上说就是要打破旧框框，突破传统观念的束缚，冲破本本主义、教条主义的禁锢，把创新作为灵魂、动力和源泉，用创新的思路谋发展、用创新的精神凝聚力量、用创新的措施破解发展的难题。小公司的管理者唯有勇于解剖自我，抛弃陈旧的思想观念，打破死板教条，紧跟时代步伐，洞察市场变化，不断地寻求创新，才能突破公司发展的困境，为公司开辟崭新的前景和广阔的空间，为公司带来蓬勃的生机。

▼ 小公司要有点创新思维

前面已经讲了一些小公司创新的方法策略，在这里我们可以给创新下这样一个定义：人类在发展的过程中，为满足自身需要，对自身的认知和行为不断进行改进、对周遭世界不断进行拓展，这个过程及其产生的结果就是创新。

爱因斯坦认为："形成问题通常比解决问题还要重要，因为解决问题不过牵涉到数学上的或实验上的技能而已，然而明确问题并非易事，需要有创新性的想象力。"小公司要想在市场中求生，就一定要有一点创新思维。需要指出的是，创新思维很多时候其实就是对常规性思维的一点突破。

1850年，美国西部发现了大片金矿。这片荒凉的土地立即迎来了无数渴望财富的人们。当时，李维·施特劳斯还是个热衷于冒险的年轻人，他放弃了稳定却乏味的文职工作，成为淘金队伍中的一员。

经过了漫长的跋涉，李维·施特劳斯终于到达旧金山，然而眼前的景象让他失望了，在他眼前，并没有遍地的黄金，只有茫茫荒野，而淘金的人遍布荒野的每个角落，之前的激情和梦想只剩下了茫然。李维·施特劳斯意识到，淘金已经不可行了，他必须为自己找到一条新的出路。他发现，随着淘金人数的增加，帐篷和工具的需求也在增加，然而远离生活中心让淘金者的购物成了难题。李维·施特劳斯决定放弃淘金梦，开一家杂货店，利用淘金者实现自己新的梦想。

小店开张后一直生意兴隆，客源不断，有的商品还会很快脱销。没过多久，李维·施特劳斯就赚回了最初的成本，有了真正的收入。然而一段时间后,他发觉搭帐篷用的帆布卖不出去了,他向客户询问原因,客户告诉他,自己已经有一个帐篷,不需要再搭了。但是在艰苦的淘金工作中,棉布裤子很容易被石头、砂土磨破,他们目前最需要的是结实耐磨的裤子。李维·施特劳斯从来都没有意识到这一点,客户的话让他感到惊奇的同时,也得到了启发。这些做帐篷用的帆布结实又耐磨,如果做成裤子,没准会受到淘金者的欢迎,与其让这些布料积压着,不如发挥它们的功能。

当时有一个叫杰恩的矿工制作了一种工作裤,李维·施特劳斯就仿照他的设计用厚帆布制作了结实耐磨的裤子。1853年,第一条帆布工装裤诞生了,这就是日后人们熟知的牛仔裤。这种工装裤刚刚上架时并没有受到关注,仅仅卖出去几条,但是一段时间过后,这些工装裤展现出了它们结实耐磨的特点,于是,淘金者们纷纷开始购买这种裤子,并把它叫做李维牌工装裤。李维·施特劳斯因此收到大量订单,他关闭了杂货店,成立了自己的服装公司,"Levi's"这个著名的品牌就这样正式建立起来了。从淘金矿工到开杂货店再到建立一个国际知名的连锁品牌,李维·施特劳斯之所以能够获得巨大的成功,就是依靠着一点差异化的创新思维。

创新思维是人类才有的高级思维活动,是成为各种出类拔萃人才必须具备的条件。即使遗失了与生俱来的创新思维,小公司管理者也可以通过运用心理学上的自我调节,有意识地在各个方面认真思考和勤奋练习,重新将创新思维找回来,并帮助小公司获得商业上的成功。

第七章

破危术：

永远战战兢兢，永远如履薄冰

"创业不易，守业更难。"市场不是慈善场，商战不相信眼泪，不同情弱者，竞争的残酷随处可见，危机这个市场的"魔怪"也会时不时地突然造访。对于小公司的管理者而言，能否守住千辛万苦打下的江山，其艰难程度甚至高于创业。

小公司规模小，抗风险能力较弱，作为小公司的总舵手，管理者要以"战战兢兢，如履薄冰"的心态来经营公司，居安思危、居危思进，率领员工同舟共济，驾驶公司这条大船在商海中搏击风浪，激流勇进，扬帆远航。

▌ 创业不易，守业更难

唐太宗是中国历史上名声显赫的君主，他不仅开辟了唐帝国的辽阔疆土，建立了大唐王朝，将唐王朝推到历史上兴盛的顶峰，而且其人格的清正廉明、纳谏用人等为历代君主的楷模，也为国人提供了诸多借鉴与启示。唐太宗得天下后经常与大臣议论创业与守业的关系。贞观十年（636年），唐太宗有一次问大臣："帝王的霸业，创业与守业，哪一个更难呢？"房玄龄回答说创业更难，而魏征则说守业更难。于是太宗说："玄龄和我一起打天下，尝足了各种艰辛，出生入死，所以见到了创业的艰难。而魏征和我一同治理国家，常常担心如果骄傲自满，则必然陷于危险的境地，所以看到守业的艰难。现在创业时期既然已经过去了，那么今后我们更多的是应该看到守业的艰难，不可不谨慎对待呀！"

唐太宗这一番话语是非常有见地的，所以唐太宗才会成就其帝王之业，并且开创了"贞观之治"，成为中国历史上少有的贤达开明之君。

这种"创业难，守业更难"的传统智慧，对今天的私营公司管理者而言是有非常重要的现实意义的。我们知道，公司管理者泛指公司中的高级管理人才，即厂长、总经理、总裁或担任相应职位的人。他对公司的营运负有最高的责任，拥有日常经营管理的最高权限。而且我们常常将管理者分为创业型管理者和守业型管理者两种最主要的类型。

因此，无论作为创业型管理者还是守业型管理者，应细细地体味唐太宗的这一番话语，并且从"创业难，守业更难"的深刻内涵来思考自己作为管理者这一角色所肩负的责任和重任，这是成长为一名成功的管理者的基本前提。

唯有认识到"创业难，守业更难"，管理者才能不断地反思自身，寻找自己与一名优秀管理者的差距，并且弥补这种差距；才能不间断地审视自己的经营与管理，不至于在经营管理上出现重大的错误，犯下令人遗憾的决策；才能不断地学习和进步，在公司进步和持续发展的过程中，永远保持进取和创新的心态和意识，真正使自己与时俱进；才能彻底地做到公司利益大于总裁，不因个人之喜好和变动而朝令夕改，或让公司因个人原因而丧失发展的时机与动力。

作为新时代的小公司管理者，必须在对公司创业与守业之难有正确认识的基础之上，居安思危、谦虚谨慎、戒骄戒躁，一步步地去开拓属于自己的伟大事业。

▌ 永远战战兢兢，永远如履薄冰

孟子云："生于忧患，死于安乐。"人如此，公司发展也不例外。如果管理者沉溺于过去的辉煌，没有忧患意识和危机思想，顺境面前盲目乐观，因循守旧，不思进取，时间一长，就会被习惯性思维所控制，丧失锐气。而整个公司就可能对生存环境的变化浑然不觉，从而失去竞争力，待意识到变化来临，已无力应变，最终被市场淘汰。

世界闻名的微软公司总裁比尔·盖茨讲，微软离破产只有180天；海尔总裁张瑞敏一直讲"永远战战兢兢，永远如履薄冰"；华为总裁任正非大谈危机管理；联想董事长柳传志强调搞公司不能打盹。这一切都不是危言耸听，因为只有真正看到风险的公司才能生存下来，而且还不一定都能存在下去。一些优秀而成功的公司的领导者已经意识到危机存在，作为创业发展中的公司更应该看到危机的存在。

危机感不但是医治人类惰性和盲目性的良药，也是促成变革的最大动力之一。富于前瞻性、挑战性和创造性的危机制造以及危机解决，可以有效提高公司的抗风险能力，提高公司的竞争力。

作为一位小公司的管理者，要杜绝和减少危机给公司带来的损失，首先自己一定要树立危机意识，心中常存忧患感，鞭策自己永不懈怠，砥砺奋进，率领全体员工迎接市场的挑战，驾驶公司这条大船在商海中激流勇进，绕过暗礁和险滩，扬帆起航。

1. 树立危机意识

在做出任何一项决定的时候，需要分析给公司带来什么样的危害，关注其优势和劣势、机会和威胁，确定给公司带来的伤害是暂时的还是潜在的。做到心中明明白白，尽量清楚威胁点在哪里，不要含糊地只知道有威胁，却不明白究竟会造成什么样的威胁。

创业者不但自己要树立危机意识，也要构建团队的危机意识。也许创业者没有发现某个隐藏的危机，但是公司的某个员工却能及时地发现。要提倡员工敢于将公司内存在的危机大胆地讲出来，哪怕他讲的严重违反了自己的意愿，哪怕是错误的，都必须认真倾听并加以鼓励，树立团队的危机意识。

2. 及时解决危机的意识

在发现危机以后必须及时将还处在萌芽状态的危机解决、处理掉。不能采取拖的方式，让其自由发展逐渐扩大。

3. 理清危机思路的意识

公司有些危机的出现不是因为发现危机没有及时解决，也不是因为不知道有危机，而是公司自己因为利润或者其他的原因，自己制造的危机。比如有些公司为了降低成本，提高市场竞争力，就采取不正当的方式来盲目地降低成本，最后给公司带来的却是致命的伤害，多年的品牌经营在消费者的心目中一朝尽失。

▌ 做"雄鹰"，不做"鸵鸟"

鸵鸟和雄鹰是自然界中的两个家族，因素来不和，所以虽然是邻居也不往来。可是有一天，鸽子给它们捎来口信说它们的领地将有敌来犯，让它们两个家族都提前做好准备，但是敌人是谁，鸽子并没告诉它们。

接到消息后，两个家族的成员都忙碌起来，坚固城堡、准备粮食。可是没过几天，鸽子又给它们带来口信说它们的敌人要和它们在森林前的沙漠地带展开决战。

接到挑战后，鹰族的成员个个摩拳擦掌，一副要与敌人拼个你死我活的样子。鸵鸟家族的成员们在老冤家的面前，也不甘示弱。决战的时候到了，两个大家族列队站在同一侧等着敌人的到来，时间不长，只见迎面不知是什么生物，黑压压的一片，向它们扑来。

鹰族的成员们主动出击，直扑向敌人。而鸵鸟们却把头埋在了沙子里。不知过了多久，鹰族凯旋的时候，见鸵鸟们的头还在沙子里埋着，就有一只大鹰大声说："敌人已经被我们击退，你们还不把头抬起来。"

听了这话，鸵鸟们把头从沙子里抬了起来，纷纷说："好险啊！多亏我们把头埋了起来，否则岂不是要大祸临头！"鹰族听到这样的话就更瞧不起鸵鸟了。后来，鸵鸟又遇到了劲敌，仍然采取同样的办法，这一次它们可没那么幸运了。没有了鹰族的帮助，鸵鸟大败而归。

"鸵鸟心态"是一种逃避现实的心理，也是一种不敢面对问题的懦弱行为。有鸵鸟心态的人，不敢面对现实，不敢担当责任，平常大言不惭，遇到事情来临就畏缩不前了。

处于剧烈变革的商业时代，竞争的程度已远远超出以前，风险和危机就像达摩克利斯之剑，不知什么时候就会降临到公司的头上。面对危机时，不正视现实、不主动应对，一味采取回避的态度，最终只会给自己造成重大损失。只有迅速采取行动，果断承担责任，才会把损失降到最小。

作为小公司的管理者，应当以正确的心态面对风险和挑战，危机面前要迎难而上，这样才能在危机中开拓出一条生路，为公司赢得良好的发展机遇。

在"冬天"保持春天的心态

一个公司的成长历程，并不是一帆风顺的，总要经历一些波折坎坷；不是一年四季都春光明媚，也会遭遇市场寒冬的侵袭。

面对市场寒冷的冬天，糟糕的管理者会丧失信念，在抱怨中看着公司逐渐消亡；而优秀的管理者则积极寻找机会，积蓄力量，以图重整旗鼓，东山再起，迎接公司春天的来临。

丰田公司是一家非常善于在冬天里发现春天的公司，早期的石油危机成了丰田发展的契机。丰田公司创立于1933年，是全球最大的汽车公司，也是世界十大汽车工业公司之一。早期的丰田牌、光冠、皇冠、花冠汽车光辉一时，近来的克雷西达、凌志豪华汽车也极负盛名。TOYOTA在汽车的销售额、销售量、知名度方面均属世界一流公司，特别在汽车销量上位列世界第一名。其产品包括一般大众性汽车、高档汽车、面包车、跑车、四轮驱动车、商用车在内的各种汽车。其先进技术和优良品质备受世界各地人士推崇。

1973年，随着第4次中东战争的爆发，世界经济遇到了第一次石油危机。对于日本这个石油资源几乎百分之百依赖进口的国家来说，整个经济活动全都受到巨大影响，公司马上陷入了极大的混乱之中。战后初期，那种恶性通货膨胀再度席卷日本，对汽车的需求一落千丈。在这种形势下，丰田没有气馁，丰田喜一郎之子丰田英二始终坚信，汽车绝不是什么"奢侈品"，对于社会而言，汽车绝对是真正的必需品。丰田将新的起点瞄准在资源的有限性上，有力地开展了节省能源、节省资源、降低成本的运动。面对笼罩日本社会的一片悲观情绪，丰田恪守一个"忍"字，蓄势以待，准备迎接重振雄风之日的到来。

1973年和1979年的两度石油危机对美国的汽车需求结构产生了极大影响。人们的选择热点开始从大型车转向了节省燃油的小型车，因此，缺少小型车生产技术的美国汽车厂家逐渐地失去了往日的竞争优势。为了摆脱困境，美国的汽车厂家一再要求日本汽车厂家到美国投资建厂，以便和美国汽车厂家在同一起点上开展竞争，同时也再三敦促政府和议会尽快对进口日本汽车实施限制。随着日美贸易摩擦的加剧，美国汽车厂家的这些主张在部分社会舆论中间以及美国议会煽动起了一股对日本车的抵触情绪，以丰田为首的日本汽车厂家也十分担心这种情况发展下去会损害良好的日美关系。

1981年，对美出口轿车自主限制协议生效。日本各汽车厂家开始着眼于在美国设立生产据点，目的是为了不失去美国汽车市场，同时也出于担心那些对燃耗性能优越的小型车有着特别钟爱的美国消费者会因此而受到选择上的局限。在这种情况下，丰田决定与美国通用汽车公司进行合作生产，这样可以向美国汽车厂家转让小型轿车的生产技术，同时也可以为当地创造出一些就业机会。1983年，为了与本田的雅阁系列轿车在北美市场上争夺，丰田推出了佳美（CAMRY）车系，从此便一发不可收，成了最受欢迎的车型。

要在冬天里发现春天，最为重要的前提是要有一个乐观的心态。正如华为老总任正非所说："冬天也是可爱的，并不是可恨的。我们如果不经过一个冬天，我们的队伍一直飘飘然是非常危险的，华为千万不能骄傲。所以冬天并不可怕，我们是能够渡过去的。"马云也说过："2002年互联网泡沫的危机，那次我的口号是成为最后一个倒下的人。即使跪着，我也得最后倒下。而且，我那时候坚信一点，我困难有人比我更困难，我难过对手比我更难过，谁能熬得住谁就赢。放弃是最大的失败。永远不要放弃自己的信心，永远不要放弃当第一的梦想。"

常言道，最危险的地方也是最安全的地方，同样最困难的时候也会是最有发展潜力的时候。过冬是公司必须要经过的一次考验，有信心"过冬"，是每个管理者都应该具有的品质。小公司要以丰田公司为榜样，管理者一定要保持积极的心态，要在市场寒冷的严冬里，锤炼意志，修炼慧眼，找到自己的世外桃源。

▌ 敲响警钟，营造"冬天"意识

有些管理者抱有一展拳脚实现宏图伟业的大抱负，动辄订立"超英赶美""行业老大"的高远目标，他们只看得到公司未来的光明前景，却看不到通往成功的道路上危机四伏。然而意识不到危险却是最大的危险。一个意识不到危险的管理者，其员工自然也得过且过、享受安逸，而这样的公司，才真的离危险不远了。

与之相反的是，在每一个成功公司的背后必定有一位充满忧患意识的管理者。在胜利的欢呼声中，他最关心的不是公司获得多么大的成功，而是在不停地积极思考公司离危机到底还有多远，探索公司面临那种处境时的处理方法。

2000年伊始,在"网络股"泡沫破灭的寒流还未侵袭中国,国内通信业增长速度仍为20%以上的时候;当华为2000年年销售额达220亿元、利润以29亿元位居全国电子百强首位的时候,任正非却大谈危机:"华为的危机以及萎缩、破产一定会到来。"他在一次公司内部讲话中颇有感触地说:"10年来我天天思考的都是失败,对成功视而不见,没有什么荣誉感、自豪感,而只有危机感,也许是这样才存活了10年。我们大家要一起来想怎样才能活下去,怎样才能存活得久一些。失败的那天一定会到来,大家要准备迎接,这是我从不动摇的看法,这是历史规律。"这篇题为《华为的冬天》的文章后来在业界广为流传,深受推崇。

当然,"华为的冬天"实际上并非只是华为公司的冬天。正如在《华为的冬天》最后,任正非指点江山地说:"沉舟侧畔千帆过,病树前头万木春。网络股的暴跌,必将对两三年后的建设预期产生影响,那时制造业就惯性地进入了收缩。眼前的繁荣是前几年网络大涨的惯性结果。记住一句话:物极必反,这一场网络、设备供应的冬天,也会像它热得人们不理解那样,冷得出奇。没有预见、没有预防,就会冻死。那时,谁有棉衣谁就能活下来。"

"华为的冬天"带给我们这样一个重要的启示——最危险的情况是你意识不到危险。在公司经营的过程中,危机总会不知不觉地到来,因此管理者必须预先做好准备。

怎样做准备呢?那就是要时刻树立危机观念,对公司的不足之处加以改进,从而使公司健康、快速地发展。如果一个公司丧失了危机观念,就好像一个人闭着眼睛开车一样,早晚会出事。

在每一个成功公司的背后必定有一位充满忧患意识的管理者。在胜利的欢呼声中，他最关心的不是公司获得了多么大的成功，而是在不停地积极思考公司离危机到底还有多远，探索当公司面临那种处境时的处理方法。

为了达到强化员工危机意识的目的，任正非甚至将这一点作为一项战略纳入公司的发展规划中。在1998年出台的《华为基本法》中有这样一条内容：为了使华为成为世界一流的设备供应商，华为将永不进入信息服务业。通过无依赖的市场压力传递，使内部机制永远处于激活状态。

公司营造"人人自危"的危机意识并不是危言耸听，而是通过对危机具有正确的认识与防范，让危机能成为激励员工奋进，推进公司发展的动力。管理者应当向员工灌输危机观念，让他们明白公司生存环境的艰难，以及由此可能对他们的工作、生活带来的不利影响，这样一方面能锻炼员工们在危机来临时的防范能力，另一方面更能激励他们自动自发地努力工作。

作为小公司的舵手，管理者要时刻告诉自己冬天总会有到来的一天，要提前营造危机意识，增强员工的紧迫感，唤起员工的危机感。

▌ 危机到来，你准备好了吗

所谓危机主要有两种：一种是你自己事先知道将会发生的，比如你被迫将要关闭一家工厂，解聘100名员工；一种是突如其来，自己完全没有预料到的，比如工厂中的油料储存罐散发的有毒的浓烟向居民区扩散。无论是哪种危机事件，其结果都是会导致不利于公司形象的报道，阻碍公司进步。

相比较起来，应付事先可以预见的危机要比应付突如其来的危机容易一些。对于前者，你只需拿出自己制订好的处理措施，按部就班地进行就可以了。

而对于后者，如果你在危机出现前已经做好充分的准备，那么在处理它的时候你也不会慌不择路、漏洞百出。

但是，千万不要怀有"也许并不是很严重"这样的念头。你应向所有的人员告知，任何人只要发现问题，哪怕是一个小小的苗头，也要立即报告。抱着侥幸心理，认为问题或许会自动解决是万万不可以的，否则将使你追悔莫及。

那么，对于突发性的危机，需要做好哪些准备，采取哪些措施，才能使危机有所控制，将损失降到最低程度呢？

（1）要组建危机管理小组，定期进行公司营运危机与风险分析，进行风险分级管理。将风险分级分类，并订出解决方案。

（2）不定期举行不同范围的危机爆发模拟训练。

（3）确保公司内部对话渠道畅通，将一些危机消灭在萌芽状态。

（4）与外部世界建立良好的协作、互动关系，改善公司外部的生存环境。

不要祈盼一帆风顺，必须要对可能发生的危机有充分的准备。作为小公司的管理者，应秉持"不怕一万，只怕万一"的原则，做好未雨绸缪的心理准备，才能有效应对各种不可预见的恶劣危机。

小公司应对危机的基本战术

当公司出现危机时，很多管理者常常会束手无策，以致错失处理危机的最佳时机，使公司蒙受惨重的损失。

能及早识别危机的存在，及时采取有效措施，将危机扼杀在摇篮之内，是成本最低的危机管理方式。

通常来说，当危机出现时，管理者可以采用以下的战术来妥善处理危机。

（1）发现问题。问题可能由本公司的成员自己直接发觉，也有可能在外界的提醒下才发现。

（2）尽最大的努力搜集有关情况。

（3）如果外界团体强烈要求你采取行动，留下他们的联系方式，让危机处理小组与他们打交道。

（4）把问题的情况通知危机小组负责人。

（5）危机事件处理小组介入，召集所有的小组成员。

（6）粗略评估当前的局势。

（7）草拟有关事故的简要声明。

（8）通知有关部门即将发布详细的事故报告。

（9）与此同时，向外界及内部人员传达初步的调查结果。

（10）制订短期及中期处理策略。

（11）着手准备详细的报告，并准备召开事故处理汇报会（主要针对新闻界、公司员工、投资人等）。

（12）召开事故处理汇报会。

（13）依据既定计划，逐步处理危机。

▶ 绝境重生，将危机转化为契机

洛克希德·马丁公司前任CEO奥古斯丁认为：每一次危机既包含导致失败的根源，也孕育着成功的机会。在任何危机中总是蕴藏有扭转的良机。

危机可以转化为机遇，机遇也可能在危机中丧失。事实上，没有绝对的危机，也没有永恒的机遇。正是危机与机遇的如影随形，才让我们真正认识到公司管理与经营的大智慧、高境界。在危急关头找到解决危机的最佳办法，就可以最大限度地减少危机带来的损失，并能制造新的机遇，化危机为机遇。

百事可乐与可口可乐几度争抢碳酸饮料市场霸主地位。但在激烈竞争的过程中，一次突发事件险些使百事可乐陷入被挤出市场的危机，这就是"针头事件"。

威廉斯太太从超级市场给孩子买了两听百事可乐，可是喝完以后，无意中将罐筒倒扣于桌上，竟然从里面掉出一枚针头。威廉斯太太立即将此事告知媒体，形势对百事可乐极为不利。百事可乐公司听到"针头事件"的消息后立即采取了措施，一方面，通过新闻界向威廉斯太太道歉，并给予威廉斯太太一笔钱以示安慰和补偿，公司还通过媒介向广大消费者宣布：谁若在百事可乐中再发现类似问题，必有重奖。另一方面，公司在生产线上加大了质检力度，还邀请威廉斯太太参观。

此举不但消除了"针头事件"的不良影响，赢得了威廉斯太太的赞扬和信任，还在消费者中树立了诚实和勇于正视自身错误的良好形象。喝可乐竟然喝出了针头！这几乎是不可能的，也是百事可乐从未遇到的。这对于百事可乐公司来说无疑是一次突如其来的打击和考验，因为这一事件如果处理不好会直接影响到公司的信誉、市场占有率和竞争力。

纵观百事可乐公司处理"针头事件"的全过程，我们不得不叹服该公司决策者的理智和临危不惧的心理素质：在突发危机面前，他们不但及时、迅速、果断地推出了一系列可行措施，还采取手段使不利事件向有利于自己的一面转化，既缓解了矛盾，打消了消费者的顾虑，还刺激了消费者的好奇心。

百事可乐可算是因祸得福，不仅没有使销量下降，反而使购买百事可乐的消费者倍增。

可见，变"危"为"机"、化害为利，是公司管理者是一种不可或缺的能力，只有具备了这个能力，才不至于将公司置于被动和危险之中，才能力挽狂澜，化危机为生机。危机来临时，你必须镇定自若、从容应对，才有可能出现奇迹。

当危机到来时，如何从危机中发现机遇并改变公司的命运呢？可以从以下几方面入手。

1. 头脑冷静，寻找有利因素

商场风云变幻，公司难免会碰到出乎意料的危机。管理者要善于在危机中保持冷静，寻求和把握对自身有利的因素，这样才能创造出市场奇迹。

2. 主动出击，将危机向有利的方向转化

在竞争日益激烈的环境下，谁掌握着控制权，谁就掌握了未来的主动。所以当危机降临时，公司管理者必须做出迅速的反应来使公司挽回损失。一般而言，"主动出击是最好的防御"，这个原则总是适用的。

3. 不迷信过去，着眼于未来

狄更斯有句名言："这是最好的时代，这也是最坏的时代。"身处剧烈变革的时代，管理者必须适应时代的变化，过去的成功经验，可能恰恰就是埋葬你明天的坟墓。所以要想开拓生路，首先就要打破条条框框，不迷信过去，着眼于未来，如此才有可能将危机转化为良机。

▌ 变在变之先，驾驭危机这个"魔怪"

被誉为中国经济领域"奥斯卡"的2006年CCTV中国经济年度人物评选，于2007年1月20日晚在北京揭晓，格力电器股份有限公司总裁董明珠榜上有名。

董明珠从一个普通的销售员跃升为国内知名公司珠海格力公司的总裁；她领导的格力集团在各个领域均硕果累累；她改变了行业一个又一个

游戏规则；她也让人们对当代女性刮目相看。她充满商业智慧的传奇奋斗经历，用"铿锵玫瑰""营销凤凰"等雅号来形容毫不为过。

无论做什么事，她都把公司的利益放在第一位，时刻提醒自己必须做出正确的判断，实行正确的决策。她深知每一次决策的制定都关系到公司的兴衰存亡。正因如此，她总是能够掌握主动权，高瞻远瞩，运筹帷幄。

无论是初入营销行业所推行的"先付款后发货"方式，还是当上经营部长后的"打大户"行动，董明珠给我们的都是一副牢牢掌握主动权的印象。永远掌握主动权，决不允许自己处于被动的位置，这才是董明珠成功的真正原因。她在进军淮南市场的时候几经挫折，最后自己总结出一条经验教训，那就是要"牢牢掌握谈话的主动权，细心观察对方的反应，必要时可以退让半步"。

曾经有记者问董明珠：家电零售连锁的兴起，给现有家电的营销模式带来变革冲击，怎样与渠道合作成为家电公司躲不过的命题，这条路怎么走？董明珠回答，她觉得很多家电公司应该冷静下来，认真分析市场，寻找适合自己的路。她的观点是：公司要适应市场，但是不能随着市场，要有一种主导和改变市场的能力。这就是格力的风格。

汤姆·弗里曼在《世界是平的》一书中写道：在过去，全世界只有欧美真正实行资本主义，创造各种产品，而他们只占世界人口的一小部分，全球商业也就是8亿人左右的规模；而现在，技术的发展以及中国这样的国家经济实力发生巨变，让市场规模扩大为几十亿人。无论这市场是人才的、制造业的还是销售导向的，这一规模变化导致的都不仅是量变，更是质变。

公司的发展也将面临全球性竞争，激烈程度和压力难以想象，"一招不慎，满盘皆输"。市场环境变幻莫测，经营危机此起彼伏，应变也好，预防也罢，其实都不是解决问题的根本对策，因为无论应变还是预防，主动权都在市场中。要想真正在瞬息万变的市场中处于主动地位，管理者就要学会高瞻远瞩，掌握主导权，唯有如此，才能把握全局，在商战中纵横捭阖，处于不败之地。这需要管理者改变原有的思维，需要我们有能够主导未来变化和抢占先机的"变在变之先"的思维。

在一个加速度变化的时代，小公司的管理者如何才能避免因行动迟缓而带来的损失？"兵来将挡，水来土掩"的应对方式显然过于被动。董明珠似乎给出了答案：要有一种主导和改变市场的能力。她的商业智慧和竞争思维让业界为这朵美丽的奇葩而动容，是小公司管理者学习的榜样。

▌ 居危思进，星火燎原防微杜渐

危机是大多数管理者所不愿意见到的，但是任何一个公司在发展过程中都不可能一直处在太平盛世中，危机这个市场的"魔鬼"时不时地会突然造访，让管理者猝不及防，让公司陷入混乱。

小公司规模小，收益小，抗风险能力较弱，如果平时不做好应对危机的准备，制定解决危机的举措，就可能在一场意外出现的危机的冲击下蒙受重创，甚至从市场中消失。

所以，作为小公司的管理者，平时一定要常存忧患意识，积极做好应对危机、解决危机的准备工作。一旦危机来临,就要善于居危思进,变危机为良机。

所谓"居危",就是要看到市场竞争的激烈性和残酷性,进一步增强紧迫感和危机感,要识危机、知危机;所谓"思进",就是要有"置之死地而后生"的经营胆略,要主动出击,想方设法变危机为良机,变危机为商机。

具体来讲,一是要有与时俱进的意识。管理者要牢固树立与时俱进的发展观、管理观、改革观,创新思维,创新管理,创新技术工艺,创新工作方法,调整工作重点,开创新的局面。二是要有知难而进的勇气。公司上下一定要发扬敢于吃苦、敢于拼搏和敢于胜利的精神,做好应对和克服各种困难的思想准备,做到越是困难越向前,"明知山有虎,偏向虎山行",以积极的主人翁姿态主动为公司排忧解难,献计献策,把蕴藏的智慧和创造力在生产经营中充分发挥出来。三是要有居危思进的运筹。当前公司面临生存的危机,何去何从,主动权应该操持在公司自己手中,最主要的是如何面对挑战,变压力为动力,化危机为生机。四是要有携手前进的精神。越是困难的时候,越要讲团结,讲协作,只有同心同德、众志成城,就没有迈不过的坎,闯不过的关。

"思进"重在变危机为良机,变危机为商机。管理者要善于应对危机,变不利为有利。

一是要善于化解危机。任何公司都可能受到不确定危机的影响,公司要在危机发生时将消费者的利益放在第一位,积极维护消费者的利益,才能把损失减少到最小。二是要想尽办法减少市场损失。公司产品出现危机,市场会受到一定冲击,公司此时要想方设法减少产品市场的流失。三是要借此促进公司产品的更新换代。产品出现危机或受禁令限制，说明产品还存在较大的不足，为此，公司要在注重改善产品不足的同时，促进产品更新换代。四是要善于发现和抓住产品危机中的商机。一些产品出现市场危机，其实也为其他产品提供了市场机会。所以公司要善于发现和抓住这样的危机商机。

危机，是危也是机，方法得当还能变成良机。危机给管理者提供了一个千载难逢的机会，变危机为良机，公司才能立于不败之地。面对危机，管理者要永远积极主动，保持信心，把危机作为学习的机会，从中吸取教训，把坏事变成好事，把危机变成契机。

"人无远虑，必有近忧"。在这个竞争残酷的时代，一切都是瞬息万变的，任何公司都不能保证自己在任何时候都立于不败之地，居安思危、未雨绸缪才是高明之举。当代管理革命已经公认，有效的组织现在已不强调"有反应能力"，而应强调"超前管理"。如果管理者满足眼前的一时辉煌，没有看到潜伏的危机，最后的结果只能是昙花一现，被市场抛弃。

作为一名小公司的管理者，要有危机意识和把握机遇的能力。有了危机意识，就会激励自己奋发图强，防微杜渐，想方设法防患于未然，避免危机发生，即使危机发生了，也会挽狂澜于既倒、转危为安，保持公司的繁荣昌盛，走可持续发展的道路。

第八章

精进术：

全员学习，走在时代的前列

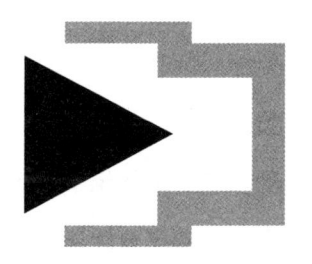

公司经营如逆水行舟，不进则退。当今时代，商场的竞争比以前任何时候都激烈和残酷，优胜劣汰更无情。后退就意味着消亡，面对日益严峻的市场环境，小公司只有通过不断地学习，修炼内功，提高自己的实力，才能在市场的夹缝中求得一席生存之地。

唯有不断地学习，从高层管理者到基层员工都永不懈怠地学习，小公司才能永葆蓬勃的生机，才能活着走向明天。学习力是最可贵的生命力、最活跃的创新力和最旺盛的竞争力。

满足现状是厄运的罪魁祸首

一个公司在创立后，管理者总会在实践中摸索出经营管理模式的程序，并逐渐习惯地运用这套程序解决各种问题。习惯成自然，在实践中，管理者对现状的满足，使他们很少会再去思考这些方法是否依然合理、有效。

自我满足的小公司与管理者，若不学习新知识，研究新动态，只跟在别人后面，长期处于二三流水平，将永远无法与大公司竞争，也无法获得活下去的权利。

英特尔总裁格鲁夫说："在这个快速变化的环境中，面对这么多强劲的对手，为什么我们始终能保持这样的竞争力？因为我们清楚地意识到当今世界唯一不变的只有一个——变化。所以，当今世界公司间的竞争本质上是学习速度的竞争。"

并不是所有的公司都认识到这个"浅显"的道理。2003年7月，大家从报纸上看到这样一条消息：起源于清朝顺治八年（1651年），流传至今已逾350年的传统老字号——北京王麻子剪刀厂经昌平法院依法裁定破产。很多人在惋惜不已的同时不禁要问：如此知名的老字号公司，为什么会遭到破产的厄运？

"北有王麻子，南有张小泉。"在中国刀剪行业中，王麻子剪刀的名声如雷贯耳。数百年来，王麻子的剪刀产品以刃口锋利、经久耐用而在市场独霸天下。即使新中国成立后，"王麻子"剪刀仍很"火"，在生意最好的20世纪80年代末，王麻子一个月曾创造过卖出7万把菜刀、40万把剪刀的最高纪录。但从1995年开始，王麻子的业绩逐年下跌，陷入连年亏损的地步，在新世纪前夕甚至落魄到借钱发工资的境地。

业内专家认为，作为国有公司的王麻子沿袭计划经济体制下的管理模式，缺乏市场竞争思想和创新意识，是其落败的根本原因。长期以来，王麻子剪刀厂的主要产品一直延续传统的铁夹钢工艺，尽管它比不锈钢刀要耐磨好用，但因为工艺复杂，容易生锈，外观不好看，产品也就渐渐失去了竞争优势。市场需求已经发生了很大变化，但是王麻子剪刀的经营者却继续墨守业规，未能采取改进措施，故步自封、安于现状。王麻子剪刀最终被市场所抛弃。

这个事例表明：只有不断地进步，才能保证公司持续发展。适者生存、物竞天择，让故步自封、不思变革的公司被淘汰出局，正是市场上"铁"的法则——市场从来不考虑公司拥有多少年的历史，拥有多么辉煌的过去！

管理者一定要看到公司持续发展的根本动力。公司就是一棵大树，树枝上硕果累累，产品种类很多，市场反应很好，公司有很大的产值和丰厚的利润。这时候，很多管理者就会被公司的发展现状而陶醉，沾沾自喜，却没有人看看这棵树的根怎么样。根是什么？就是学习力，这才真正是一个公司的生命力之根，竞争力之根。

如果公司的根基不牢固，那么眼前再好的美景也将是昙花一现，很快就会烟消云散。因此，一个公司暂时的辉煌并不能说明其有足以制胜的竞争力。公司只有具备很强的学习力才能具有真正的竞争力，才能在以后日益猛烈的竞争态势中获得一个又一个的胜利。

作为小公司的管理者，只有摒弃自我满足感，注重学习力，跟随市场的变化而变化，不断革新公司现状，才能使公司拥有强大的生命力，并持续赢得市场的回报。

学习，让公司保持领先的优势

美国著名管理学家、学习型团队理论的创始人彼得·圣吉曾经预言：未来唯一持久竞争的优势，就是具备比竞争对手学习得更快的能力。对个人来如此，对公司而言则更是如此。学习力是最可贵的生命力、最活跃的创新力和最本质的竞争力。

古往今来，但凡有成就的伟人、伟大的公司无一不是学习型的人才或者组织。诸葛亮就是这样一个"学习型的经理"。《三国演义》中有一个"借东风"的故事。

赤壁大战前夕，诸葛亮和周瑜不谋而合，都准备火攻曹营，然而大冬天刮的是西北风，刮东南风的概率非常小。东吴在东南岸，而曹操在西北岸，假如东吴放起火来，借助西北风之势，火反而会烧到自己。如何才能让大冬天刮起东南风来呢？

在这个关键时刻，诸葛亮开始搭台做法，用他过人的"法术"，神通广大地让老天爷刮起了三天宝贵的东南风，在赤壁一战中令曹操大败而归。

难道诸葛亮真有这么神，可以让老天爷改变心意？熟读《三国演义》的人都清楚，诸葛亮并不是作法借风，那只不过是他借机增强周瑜战胜曹操大军的信心，以便日后向东吴讨回荆州的"幌子"而已，真正的原因是有一定技术含量的，那就是我们今天所说的气象学。诸葛亮在隆中苦学的时候接触过一些气象学知识，也就是书中提到过的"夜观天象"。但是在科技发达的今天，利用科学仪器测出的天气还常有不准确的时候，在古代，仅凭夜观天象就能预测在隆冬季节中的具体哪一天刮起东南风吗？

实际上，诸葛亮之所以对自己的判断如此自信，是因为他为了验证自己的想法，亲自走访民间，向当地农民请教。因为农民靠天吃饭，他们有丰富而准确的判断天气的经验。尤其是岁数较大的农民，看到天上的云彩就能知晓近期的天气情况。经过多天的学习和研究，在赤壁之战的关键时刻，诸葛亮终于做出了一个生死攸关的判断，即东南风在某年某月某日会刮起。

一个关键信息的把握就能决定一场战争的成败。在这场战争中，诸葛亮的学习力起到了关键作用。同样，一个管理者要想提高公司整体的竞争能力，唯一的途径就是用学习打败对手。不仅自己要学习，还要鼓励员工学习。

为了帮助一个人生存下去，可以给他很多鸡蛋，但是鸡蛋终有吃完的一天；也可以给他几只母鸡，每天下蛋，大概可以让他生存一两年；还可以帮他建一个养鸡场，并请人管理，除了自己吃，还可赚点钱。其实，最好的方式是让他充电学习，使他学会养鸡的技术和管理本领，成为养鸡专业户。这样他不仅能够生存下去，而且能够实现可持续发展！所以，培养员工的学习精神和进取意识才是真正成功的经营之道。

现代社会，知识呈现爆炸式的增长，每天都在涌现大量的新知识，一个人如果不注重学习，不吸引和补充新知识，结果是很可悲的。因为这将意味着你丧失继续前进的动力，意味着你很难对周围不断发展的事物进行理性的分析和理解，意味着你的公司将失去市场的方向，逐渐被更多掌握新知识和拥有新技能的公司所取代，成为"吃老本"的掉队者。

学习已经越来越成为公司保持不败的动力之源。当代公司的发展更证明只有比你的竞争对手学得多、学得快才能保持你的竞争优势，才能保持领先。学习就是生产力，作为小公司的管理者要充分认识到这一点，要做员工学习的榜样，在公司营造一种学习的风气，要让你的员工学起来，你的员工才能具有更大的生产能力，你的公司才拥有强大的竞争力，才能获得更大的经济效益。

▎公司要成长，员工先成长

大部分公司管理者都有两个梦想：一是跻身世界500强，二是做成百年老店。要想实现这两个梦想或其中的一个梦想，如果没有正确而又一流的经营管理理念，一切努力都只会付诸东流。正确的经营理念非常多，如细节决定成败、责任胜于能力等，但决定公司兴衰成败、生死存亡的就那么几个，"员工的成长"就是其中少数几个关键理念之一。

壳牌集团是世界领先的国际石油公司，位居全球500家最大公司的前列。壳牌是促进员工发展的典范公司，任何人一旦成为壳牌员工，他从第一天起就必须开始真正地工作、承担责任和执行任务。而不是像很多公司那样前三年都是轮岗锻炼学习。壳牌公司会安排专门人员随时观测他的工作表现，并及时给予建议和辅导，在必要的时候进行适时培训。

壳牌这样做的唯一目的是希望员工在公司确确实实有发展前途，并且能够实现个人的事业目标。壳牌希望新员工有能力从现在的位置做起，一步一步地向更高、更宽的方向发展，坐到经理甚至董事的位置。壳牌公司有一套成熟的制度来支持员工实现事业发展愿望。只要员工自己有愿望和主动性，他在壳牌公司总能得到提升和发展。公司有一个内部招聘系统，会随时公布公司内部的所有空缺，只要认为自己有时间和精力，每个人都可以去应聘、竞争。

壳牌认为每一个员工都是公司未来的老板，把促进员工的成长作为公司的使命。以分析力、成就力以及关系力三项指标遴选人才，这表明壳牌在员工招聘时就为员工的发展做了周密的考虑。分析能力如何，要看是不是能够举一反三、高瞻远瞩；能不能从各种纷繁信息中抓住最重要的信息。成就力是指员工的意志状态。壳牌需要敢于挑战并满怀激情的人。壳牌认为：成就力是一个人事业追求的前提，首先要有愿望成就一番事业，然后取决于个体的成就能力。关系力不单纯指与人如何相处，更在于能不能与人产生1+1>2的效果。壳牌的关系力还指你是不是尊重他人，理解他人，在与人沟通时，是不是能有效地倾听对方的意见。意见不一致时是不是能取得共识。能不能延伸自己的职责，不是越权，而是提供建设性的合作与帮助。

壳牌会针对员工的成长进行动态跟踪。在壳牌人力资源的运作中，绩效评估和提高占据非常重要的位置。绩效评估主要包括工作表现和能力增长。经理会听取员工个人的愿望，对未来发展有何要求，然后一起协商下一年应该怎样表现，包括能力目标和业务发展目标的增长趋势。各部门每年还要做一个全部门的业绩衡量，在个人完成业务的基础上做员工相互之间的横向比较，帮助他们认识自己在过去一年中到底表现如何。这些分析和比较对员工的成长和发展提供了重要帮助。

正是因为特别注重员工的个人成长，壳牌才得以长期保持领先性。员工的成长，为壳牌带来了丰厚的物质回报。它是国际上主要的石油、天然气和石油化工的生产商，业务遍及全球140个国家，雇员近9万人，油、气产量分别占世界总产量的3%和3.5%。2012年，壳牌《财富》杂志在世界500强中名列第1位。

对于公司的发展来讲，每个员工的成长都是至关重要的，都可能给公司带来积极的改变。卓越的公司是在卓越的员工和卓越的公司文化的支撑下发展起来的。公司因员工的成长而成长，因员工的卓越而卓越。作为小公司的管理者，如果你想要使公司保持高速发展，就要像壳牌一样，全力引导和帮助员工成长。要知道，这是一条促进员工快速成长、公司高速发展的捷径。

◤ 倾力打造一个学习型团队

给人一条鱼，只能让他吃一次；教会他怎样钓鱼，才能使他一辈子不会挨饿。作为管理者，不但要自己会钓鱼，还要教会自己的团队钓鱼。在团队中创建一种轻松和谐、相互学习、团结协作、分享创新的氛围，使整个团队成为一种学习型的团队，才能使这个团队在竞争日益激烈的市场大潮中立于不败之地。

世界上著名公司的发展，无一离开“学习”二字。美国排名前25位的公司中，有80%的公司是按照“学习型团队”模式进行改造的。

通用电气总裁韦尔奇认为，管理者应该是“同时作为教练、启蒙者以及问题解决者来为公司增加价值，因为成败而接受奖励和承担责任，而且必须持续地评价并强化本身的领导角色”。他认为一个优秀的管理者应该带领团队持续学习。公司要想在发展过程中不断地超越自我、不断地提高竞争能力，并不断地扩展公司发展中真正心之所向的能力，首先应激发公司内员工的个人追求和不断学习意识，从而使之形成一个学习型团队。

学习型团队是指通过培养弥漫于整个组织的学习气氛、充分发挥员工的创造性思维能力而建立起来的一种有机的、高度柔性的、扁平的、符合人性的、能持续发展的组织。这是知识型组织的理想状态，是知识型组织的实践目标，这种组织具有持续学习的能力，具有高于个人绩效总和的综合绩效的效应，能极大地提升组织和公司的竞争力。

公司一旦真正地开始学习，公司定会产生出色的效果，而作为团体中的人也会快速地成长起来，公司的内功便会不断地被强化。

通用电气公司正是通过建立学习型团队保持公司竞争优势的典范公司。通用电气公司是美国纽约道·琼斯工业指数自1896年创业以来唯一一家至今仍榜上有名的公司。在过去20年中，通用电气给予股东的平均回报率超过23%。通用电气在克罗顿维尔建立了领导才能开发研究所，每年有5000名领导人在这里定期研修，《财富》杂志称其为"美国公司的哈佛大学"。在那里，没有职务的束缚，可以不拘形式地自由讨论。每周都有100多名职员在这里集合，听取公司生产、经营和管理等方面的课程。在韦尔奇的领导下，通用电气领导层变成了一个不断创新、富有成效的领导团体。他们能进一步地推动工作，倾听周围人们的意见，信赖别人的同时也能够得到别人的信任，能够承担最终的责任。通用电气的成功源于一个强有力的学习型团队以及由此产生的独特的学习文化，进而推动了通用电气在世界市场的横冲直撞，长盛不衰。

小公司管理者应该向通用公司学习，在自己的公司中建立一个学习型团队。

善于不断地学习，这是学习型团队的本质特征。所谓"善于不断地学习"，主要有四点含义：

强调"终身学习"——即组织中的成员均应养成终身学习的习惯。

强调"全员学习"——即公司组织的决策层、管理层、操作层都要全心投入学习，尤其是经营管理决策层，他们是决定公司发展方向和命运的重要阶层，因而更需要学习。

强调"全过程学习"——即学习必须贯彻于组织系统运行的整个过程之中。

强调"团队学习"——即不但重视个人学习和个人智力的开发，更强调组织成员的合作学习和群体智力的开发。在学习型团队中，团队是最基本的学习单位。

通过创建学习型团队，通过保持学习的能力，可以及时铲除公司发展道路上的障碍，不断突破公司成长的极限，从而使公司焕发活力，永葆生机，保持持续发展的态势。

▌ 学习型团队要修炼的五项技能

经济全球化带来激烈的竞争，21世纪，小公司如何在狼烟四起、群雄角逐的市场大环境中生存并发展壮大？

彼得·圣吉为我们指明了一条捷径："进行公司再造吧，打造学习型团队。"彼得·圣吉在《第五项修炼》一书中明确指出："当今世界复杂多变，公司不能再像过去那样只靠领导者一夫当关，运筹帷幄来指挥全局。未来真正出色的公司将是那些能够设法使各阶层员工全心投入、并有能力不断学习的组织。"

彼得·圣吉的《第五项修炼》引领了公司软件再造的潮流。书中提到，学习型团队必须具有并能够不断强化以下五项修炼技能。

（1）自我超越。鼓励团队所有成员持续学习并扩展个人能力，不满足并突破现有的成绩、愿望和目标，创造出团队想要的结果。

（2）改善心智模式。所谓"心智模式"，即由过去的习惯、经历、知识结构、价值观等形成的固定的思维方式和行为习惯。

（3）建立共同愿景。愿景可以凝聚公司上下的意志力，透过团队共识，大家努力的方向一致，个人也乐于奉献，为组织目标奋斗。

（4）团队学习。完善的培训系统对公司的发展固然重要，但不能将团队学习简单等同于培训。培训意味着员工被动地接受教育，而团队学习意味着互动，意味着团队的各层次都在思考，而不是只有高层领导在思考，其追求的是一种群策群力的团队机制，试图通过群策群力，让团队发挥出超乎个人才能总和的巨大知识能力。

（5）系统思考。学习型团队成员应具有全局意识，学会进行系统思考。系统思考即从具体到综合、从局部到整体、从结果到原因，看问题应避免"只见树木，不见森林"，倡导一种全方位的思考方式。

组织员工学习，建立学习型团队，对小公司而言，只是小额投入，而这种投入带来的回报绝对是惊人的，并且是持续的。

▶ "充电"，成为商场上的"常胜将军"

目前，中国各类公司的管理者都很少受过系统的公司管理、经济理论等方面的正规培训教育，即便是那些以"儒商"自居的"专业"人士，其学识也显得贫乏。

学海无涯，我们已进入一个淘汰迅速的时代，连大公司的管理者都需要刻苦努力地不断为自己充电，小公司的管理者们自然也不应安于现状、袖手旁观，要学习"充电"，用知识武装自己的大脑，刷新经营思路，提升经营能力，迎接和挑战日新月异的市场形势。

1. 归零学习

21世纪的管理者每天都应学会心态归零，对周边环境的变化要有很好的敏感度，然后铆足全力，跨越困境，见缝插针地学习，为迎接明天的成功多做准备，切不可迷惑于目前的成功和鲜花。

2. 追根究底

管理者在日常"充电"的过程中，除了要有平和的心态外，还应有追根究底的精神。现代管理者每天必须不断检查和自省，除了要能控制住自己的情绪和心态外，还应仔细研究问题，继续深入思考，这样才有利于经营思维的创新，推陈出新开发公司新财路。

3. "挑战"挑战

管理者在面对日常的竞争和压力时，不仅需要迎接挑战，还应突破自我，主动地去挑战，也就是"挑战"挑战。

迎接挑战，这多少还带有点被动应战的味道。身为管理者，要想在竞争中获胜，还应有主动迎战的心理准备，这种积极的心态，也有利于管理者充分调整自己，更好地学习并提升自己。

4. 走出去

万杰集团总经理孙启银曾说过："我认为最好的学习方法就是走出去，不但个人要走出去，公司的决策层也要走出去。"

走出去，可以开阔管理者的视野，丰富管理者的思路，让管理者见所不能见，闻所未曾闻。走出去，可以是走出公司，走进学校，去系统学习专业知识；也可以是走出公司，走进先进公司，去观摩他们的经营思路、管理机制；甚至还可以走出公司，走出国内，把国外的先进经验拿回来，来个"洋为中用"。

当代世界，知识在快速更新，形势在飞速变化，青年时代在学校里所学的课程和知识，永远赶不上社会环境、公司环境的变化速度，一切都在不断"重新"开始。管理者不仅要鼓励员工努力学习新知，自己还要带头学习，树立终身学习的理念，不断为自己"充电"。

管理者只有时刻充电、即学活用，才能展现自己的独特能力，却战胜周边的一切困难，成为商场上的"常胜将军"。

▼ 把员工培养成"全能战士"

作为公司的管理者，注重培养下属的能力是一项基本的、重要的工作。管理者最为重要的职责就是要将下属训练成"狮子"，将团队变成"狮子群"，而不需要将自己变成"狮子"。

某航空公司承接了一份短程往返航班的分包合同，就是把乘客从主航线机场运送到地区内的其他小机场。执行起这份合同对于这家航空公司来说，并不是什么难事，它有足够的实力完成得很出色。但是，结果却事与愿违。尽管这家分包公司的员工懂礼貌、勤奋，工作效率也很高，但是自从该航班开始运行后从来不能按时到达，更糟的是几乎不断取消航班，以致乘客总是迟到数小时，有时甚至迟到一天，经常耽误重要活动和会议，乘客的怨言很大，越来越多的人放弃乘坐，改换其他方式。最后，由于运营效益太差，短程往返航班服务合同被上级合作单位收回，公司随之倒闭。

作为服务型公司，航空公司员工素质和工作能力决定着公司的生死。后来，这家公司的管理者在反省经营问题时，他把"没有注重员工能力的培养"当作是失败的第一大原因。

其实，不管是对大公司还是小公司而言都是一样的。从这一案例中我们得到的警示是，只要员工能力差就会危及整个公司满足顾客需要的能力，从而使公司失去生存的条件和基础。对于小公司的管理者来说，有责任不断增强公司利润链中的第一环，即员工的工作能力。这是公司成功运营的基础。

与上述那家航空公司形成对比的是，著名通信品牌索爱的培训是将员工朝着"全能战士"方向去培养。

索爱员工培训不仅要培养员工的学习能力，还培训员工的沟通能力、创造性和解决问题的能力以及基本知识等几方面。基本知识不仅仅限于工作范畴，还包括商业经营的基础内容。在有些公司，技术人员无须了解财务和公司运作方面的知识。而在索爱，每个接受基本技能培训的员工都有对这门课程的学习。在索爱看来，技术人员也得知道"公司的利润从哪里来"。当然，财务人员也有必要知道"GSM和WAP"。索爱要求员工掌握全面性的知识，目的在于使员工具有更强的工作能力。

员工成长了，公司也跟着成长了。员工成功了，公司才能取得大成功。员工如何才能成功？一方面要靠员工自身的努力和学习，另一方面还要靠公司管理者的培养和塑造。通过各种激励、示范、教育、培训等各种方式，让员工具备能力，尤其是区别于对手的独特能力，这样员工就能更快地成长，更快地成功。

只有短视的管理者才将促进员工成长当成是公司最大的浪费，而那些目光长远的管理者总是能够在员工的能力成长上获得丰厚回报。虽然公司可能成为一所临时学校，流失率非常高，但是培养新员工的职能技术，使员工具有竞争能力，这是小公司从弱小走向强大的不二选择。

▌ 树立一个目标，然后共同去冲刺

目标是能满足人的需要和激发人的动力的外在物。当人们有意识地明确了自己的行动目标，并把自己的行动和目标不断地加以对照，知道自己前进的速度和不断缩小达到目标的距离时，他行动的积极性就会持续高涨。一个万米赛跑运动员，当人们告诉他只有1000米，再加把劲儿就可夺得金牌时，即使他身体的某些部位在疼痛，他也会信心百倍、加快速度完成最后的冲刺。

在一个公司中，每个员工都或多或少地有所期望，但这种期望并没有形成一种动力，就如同每个人都希望拥有漂亮的房子但却没有设计蓝图一样。因此成功的管理者就是要发掘员工的期望，并把这种共同的期望变成具体的目标，一旦这个具体的目标或理想生动鲜明地体现出来，员工就会从思想上产生共鸣，就会毫不犹豫地追随管理者去行动。形象地说，管理者利用明确而具体的目标激励员工，就是充当一个"建筑师"的角色。"建筑师"把自己的想法具体地表现在蓝图上，让"建筑"的形象生动、鲜明地体现出来，以此激发员工为之努力工作。

在世界成功的公司中，通常用塑造一个共同目标、创造共同的价值理念来激励员工奋斗。

美国电报电话公司前总裁鲍伯·艾伦发现，该公司过去的想法和做法都像是受保护的公用事业，必须改变，而且是在行业动荡不安时进行改变。公司的规划部门为关键性的战略任务提出一个定义，也就是让现有的网络承载更多的功能，开发新产品，从而符合新兴信息事业的需求。艾伦决定不用这样理性和分析性的名词来谈公司的目标。他也不谈论以扩张竞争态势为重点的战略意图。他选择了非常人性化的名词，他说："公司致力于让人类欢聚一堂，让他们很容易互相联系，让他们很容易接触到需要的信息——随时、随地。"这个陈述表达了公司的目标。但他用的都是非常简单而人性化的语言，使人人都能理解。重要的是，员工能对这样的目标产生共鸣、引以为豪，并愿意为之付出智慧和汗水。

设置适当的目标，能激发员工的主动性，调动员工的积极性。目标越激动人心，激励的作用也就越强。作为小公司的管理者，要懂得目标激励的意义，让员工和公司有一个共同目标，在目标的引导下向着前方努力冲刺。

那么，管理者如何设置目标、通过目标的导向和激励作用引导员工完成任务呢？

管理者要善于设置正确、恰当的总目标和若干的阶段性目标，以激发员工的积极性。设置总目标可使员工的工作感到有方向，但达到总目标是一个长期、复杂甚至曲折的过程，如果仅仅有总目标，只会使员工感到目标遥远和渺茫，可望而不可及，从而影响积极性的充分发挥。因此还要设置若干恰当的阶段性目标，采取"大目标，小步子"的办法，把总目标分解为若干经过努力都可实现的阶段性目标，通过逐个实现这些阶段性目标而达到大目标的实现，这样才有利于激发员工的积极性。管理者要善于把近景目标和长远目标结合起来，持续地调动员工的积极性，并把这种积极性维持在较高的水平上。

在目标制定、分解时，目标的难度以中等为宜。目标难度太大，容易失去信心；目标难度过小，又激发不出应有的干劲。只有"跳一跳，够得着"的目标，积极性才是最高的。因为这样的目标满足个人需求的价值最大。

管理者在制定目标的时候，除了上述问题之外，还应注意以下几点：

第一，目标必须是明确的。要干什么，达到什么程度，都要清清楚楚。

第二，目标必须是具体的。用什么办法去达到，什么时候达到，要明明白白。

第三，目标必须是实在的。看得见、摸得着，达到应该有检验的尺度。

管理者不但要为下级树立远大的目标，而且要学会把这个目标和实实在在的工作结合起来，一步一个脚印地前进。

总之，管理者要把公司目标真正地建立起来，要将崇高远大的情感传达到员工那里，并从员工那里得到发自内心的回应，使员工真心诚意地投入到工作中去。让公司上下都愿意为公司目标奉献力量，并让这样的努力持之以恒，应该是小公司管理者追求的目标。

▌ 优胜劣汰，让员工跑起来

老鹰是所有鸟类中最强壮的种族，根据动物学家所做的研究，这可能与老鹰的喂食习惯有关。

老鹰一次生下四五只小鹰，由于它们的巢穴很高，所以猎捕回来的食物一次只能喂食一只小鹰，而老鹰的喂食方式并不是依平等的原则，而是哪一只小鹰抢得凶就给谁吃，在此情况下，瘦弱的小鹰吃不到食物都死了，最凶狠的存活下来，代代相传，老鹰一族越来越强壮。

这是一个适者生存的故事，它告诉我们，"公平"不能成为组织的公认原则，组织若无适当的淘汰制度，常会因小仁小义而耽误了进化，在竞争的环境中将会遭到自然淘汰。

竞争可以使一家半死不活的公司起死回生。竞争是公司生命的活力，没有竞争，公司就无法立足于现代社会。当然，能否将竞争机制引入你的公司中，就看你是否是一位合格的上司。领导的艺术就在于发挥你的智慧，开动你的脑筋，努力使你的员工发挥出最大的效率。

许多公司基本上由以下三种人组成：一是不可缺少的干才，约占20％；二是以公司为家辛勤工作的人才，约60％；三是东游西荡、拖公司后腿的蠢材或废才，约占20％。如何使第三种人减少，使第一第二种人增加呢？

一位管理者在谈到他成功的秘诀时说："要使你的员工超额完成工作，你就必须激起他们的竞争欲望和超越他人的欲望，这是条永恒的真理。"

火石轮胎及橡胶公司的创始人哈维·怀尔史东说："我发现，光用薪水是留不住好员工的。我认为，是工作本身的竞争……"

如果想让你的员工活跃起来，改变那种拖拖拉拉的办事效率，就应该精兵简政，大刀阔斧地削减你的员工，在竞争中淘汰那些低效率的员工。这种削减会使在职的员工感到就业的压力，增强他们的危机意识，你要让他们明白：天底下没有金饭碗、铁饭碗，你们随时都有被炒掉的危险。你要设法使每一个员工都兢兢业业地工作。

所谓"生于忧患，死于安乐"，作为员工，如果没有面临竞争的压力，没有生存压力，就容易产生惰性、不思进取，这样的员工没有前途，这样的公司也会没有前途。因此小公司的管理者必须从上任那天起就让所有的员工知道：只有竞争才能生存，同时给他们施加竞争压力，让他们深刻体会到适者生存、优胜劣汰的原理。

▶ 没有超能员工，只有超强团队

一个人的力量是有限的，众人力量是无穷的。只有大家携起手来，团结合作，才能拥有胜利的果实。管理者要善于凝聚具有不同特质的人才，引导他们朝着同一个方向以同样的速度前进，为集体的共同目标团结奋战。

现代社会，公司正逐步向简单化、专业化、标准化发展，于是互补合作的方式就理所当然地成了这个时代的产物。

在公司中，一个团队就是一个由相互联系、相互制约的若干部分组成的整体，经过互补优化设计后，整体功能一定能够大于部分之和。

在一个团队中，每个人都有他的长处，作为管理者，如果你能很好地掌握他们的特点和优势，通过优化组合，把他们放到最能发挥其作用的位置上，你就得到了一个超强的团队，你的工作变得卓有成效。

那么，如何打造一个密切合作、高效工作的团队呢？

1. 将员工优化组合

团队由各色各样的人组成，他们都有自己的特长优势，管理者最大的职责就是对下属的特点、能力，甚至个人的性格做到了如指掌，因人而异使用人才，做到才尽其才、才尽其用，使员工内在的潜力得到充分的发挥。

2. 建立无缝型协作团队

在合适的岗位安排合适的人才，并使这些人才协同一致，以此来提升团队的运行效率。

3. 分工协作，整体功能一定能够大于部分之和

团队的高绩效不产生于单个成员能力的卓越，而来自每个成员形成的整体合力。管理者通过分工协作，使整个团队保持一种科学而合理的结构，各种人才比例适当、相得益彰，相互补充、取长补短，将团队协作的功能和效力发挥到极致。

所谓"同心山成玉，协力土变金。"团队合作往往能激发出团体不可思议的潜力，集体协作干出的成果往往能超过成员个人业绩的总和。没有超能员工，只有超强团队。在小公司的管理实践中，管理者关注的不应是某个人的力量，而是团队的综合实力。

▶ 用生命的微光，在茫茫黑暗中艰难引领

2006年，任正非和华为公司核心管理层的几位人士共同撰写了《天道酬勤》一文。这篇文章中有这样一段文字：艰苦奋斗是华为文化的魂，是华为文化的主旋律，任何时候都不能因为外界的误解或质疑动摇华为的奋斗文化，任何时候都不能因为华为的发展壮大而丢掉华为的根本——艰苦奋斗。

在华为创办近20年后，任正非重新强调"奋斗文化"这一主题，显然是有缘由的，这要从2006年的"胡新宇事件"说起。

胡新宇，2005年成都电子科技大学硕士毕业后，进入深圳华为公司从事研发工作。在2006年4月底住进医院之前他经常在公司加班加点，晚上

就在办公室打地铺熬上一宿。他被送入医院后，连续几天的抢救依然没能挽回这位劳累过度的工程师年轻的生命。

任正非刚创业的时候，由于管理体系不完善，加上客户对产品的需求不断增加，员工经常要工作到深夜，累了就铺一张垫子休息，因此在华为有"床垫文化"之说。胡新宇病故后，国内许多大媒体对这一事件纷纷报道，并将胡新宇的病故归因为"过劳死"。当时在社会上引发了一场针对华为"床垫文化"气势汹涌的批判浪潮，认为这种只顾进攻而不顾人性的文化已经不合时宜。其实，任正非从2000年开始就不大提"狼性文化"了，而"床垫文化"属于华为艰苦奋斗精神的重要组成部分，艰苦奋斗是华为文化的魂，是华为之所以能走到今天最重要的推力，是华为在任何条件下都必须坚持不懈地保持的重要文化。

不战则亡，没有退路，只有奋斗才能改变自己的命运。任正非指出，华为走到今天，在很多人看来已经很了不起、很成功了。有人认为创业时期形成的"床垫文化"、奋斗文化已经过时了，可以放松一些，可以按部就班，这是很危险的。

任正非进一步指出，华为没有国际大公司积累的几十年的市场地位、人脉和品牌，没有什么可以依赖，只能比别人更多一点奋斗，只能在别人喝咖啡和休闲的时间努力工作，只能更虔诚地对待客户，否则就拿不到订单。

任正非继续鼓励说，为了能团结广大员工一起奋斗，华为创业者和高层领导干部不断地主动稀释自己的股票，以激励更多的人才加入从来没有前人做过和先辈从未经历过的艰难事业中，大家一起追寻着先辈世代繁荣的梦想，背负着民族振兴的希望，一起艰苦跋涉。公司高层领导的这种奉献精神，正是用自己生命的微光，在茫茫黑暗中，带领并激励着大家艰难地前行，不论前进的道路上有多少困难和痛苦，有多少坎坷和艰辛。

正是靠着艰苦奋斗的创业精神，天道酬勤的管理理念，任正非带领着华为人一路过关斩将，经过20多年艰苦卓绝的努力，最终成为令国人瞩目的全球性公司。

华为开发国内市场已经充满艰辛，可是在进行海外市场的开拓时，才发现那里的竞争更为激烈，生存更加艰难，如果没有艰苦奋斗的精神，华为的国际化将寸步难行。如今获得的国际化成就，就是源自无数华为人舍身忘己的奉献精神。十几年的历程，十余年的国际化，伴随着汗水、泪水、艰辛、坎坷，华为一步步艰难地走过来了，面对漫漫征程，华为还要坚定地走下去。

如今市场竞争的激烈程度已远非昔日可比，小公司无论在人力、物力、财力哪一方面都难以和大公司相提并论，所面临的生存环境可谓险象环生。小公司要想在市场中获得生存并占有一席之地，就必须以华为做榜样，发扬艰苦创业精神，靠艰苦奋斗。管理者要以身作则，保持永不懈怠的精神状态，带领员工团结奋战，唯有如此，小公司才能在严峻的市场竞争中活下来，才有希望走向明天。

第九章

长青术：

不求世界百强，只求百年老店

小公司管理者常犯的一个错误是想一步登天，今天刚开公司，就希望明天能有收获，希望明年就能跻身富豪榜。欲速则不达，有了自信与梦想，还要耐心等待梦想生根发芽，精心呵护，最后才能开花结果。

不求百强，只求百年，夯实根基，一砖一石垒造公司大厦，小公司方能基业长青，长成"百年老店"。

▶ 盲目扩张埋隐患：三株倒塌的启示

很多小公司的管理者不安心只做商界中的"小字辈"，一心期望自己的公司不断发展、壮大，这原本无可非议。但是发展、壮大也应有一定的限度，要有正确的经营决策，否则，单单求大、求全、求快，公司就会陷入经营的误区，最终会被拖垮。

公司发展、扩张主要有两种途径：一是内部扩张，借助资本积累，依靠自身的技术优势、资金优势和管理优势，沿着相关产品、相关产业的方向发展。二是外部扩张，借助资产购并、重组，将别的公司吸纳进来。

目前，不少小公司认为第一种太慢，周期太长，因而强调第二种发展思路。有些小公司一有发展就进行大规模扩张，兼并过来许多没什么优势的公司，实行"拉郎配"，将公司变成一个大公司。这样，虽然可以在短时期内把公司的销售额、资产规模"做"大，但公司的内核如技术开发、创新能力、管理水平等并没有发生实质的变化，与公司的规模形成巨大的差距，落后的技术和管理水平在日益显现出劣势，最终把公司拖入失败的深渊。

曾经很知名的三株集团，从1994年成立到1997年，仅仅用了3年时间就发展成一个巨型集团公司，在全国市级城市设有300多家子公司，在县级城市设有2210个办事处，在乡镇一级设有13500个办事处，并拥有15万名员工。不过这并未给三株集团带来特别明显的经济效益，反而造成其机构臃肿和管理不易。例如，在三株集团下属机构中曾出现一部电话3个人管的现象。

随着三株集团机构的日益庞大，层级逐渐增多，总部的许多指示在层层传达中发生了歪曲或变形，上令难以下达，下情难以上传，官僚主义滋生，总部对下属公司难以实现高效指挥。例如，1995年春节后，三株集团决定向农村市场进军，但该举措没有得到贯彻，后来在总经理的强力推动下才得以进行。但这一切使三株集团变得庞大而又脆弱，最后仅一个小小的危机事件就将其击垮了。

小公司管理者要认识到这样一点：公司扩张不能贪大、求快、盲目投资，陷入规模扩张的误区，要根据自己的实力进行，以资本为纽带，建立面向市场的新产品开发和技术改造机制，否则即使公司扩张了，也难以实现稳定、持续的发展。

▶ 胃口太大，就会"消化不良"

许多小公司渴望一夜成名，迅速致富。尤其是在高速发展时期，大都雄心勃勃，放出"10年乃至20年跻身世界500强"的豪言，以致盲目追求速度，片面扩大规模。其结果往往是投资过大，负债率过高，资金链断裂，导致公司灭亡或一蹶不振。

一个公司一般要花费10～25年的漫长时间才能成为优秀的公司，但其衰落却很快。其实，公司规模越大，越向高处走，所需的市场空间及回旋余地也就越大，所遇的阻力也越大，而由于其资源的数量庞大，一旦经营决策失误，带来的损失也将更大。同时，业务及员工越多，组织结构越复杂，管理机构越庞大，经营决策过程越冗长，行动越迟缓，公司内部各部门的本位主义就越产生大量矛盾，协调也就越困难。

此外，规模的扩大也使公司内部常滋生安于现状、墨守业规、自高自大的不良风气和官僚主义。公司还会利用市场的领袖地位，更多地要求顾客来适应产品和服务的供给，而不是主动去适应顾客的需要。而且公司原先招徕客户所使用的倾听顾客呼声、推陈出新的产品和服务的做法也日渐失却，逐渐走上末路。

"著名的失败者"史玉柱在《我的四大失误》一文中，痛诉自己的第一大失误便是"盲目追求发展速度，巨人集团的产值目标可谓大矣：1995年10亿元，1996年50亿元，1997年100亿元。然而目标越大风险越大，如果不经过科学的分析论证，没有必要的组织保证，必然损失惨重。"

"巨人"是"吃得太快消化不良"的典型，而中国第一个导入CI的太阳神是"吃得太多消化不良"的标本。

1993年，太阳神处于巅峰时期，全年营业额达到创纪录的13亿元，占当年中国保健品市场份额的60%。同年，太阳神向多元化进军，怀汉新将"以纵向发展为主，以横向发展为辅"的战略口号改为"纵向发展与横向发展齐头并进"，一年内举资3.4亿元上马了，包括石油、房地产、化妆品、电脑、边贸、酒店业在内的20多个项目。结果几乎全部打了水漂，太阳神元气大伤，自此一蹶不振。

小公司要以"巨人""太阳神"为前车之鉴，不要胃口太大、过于贪婪、盲目扩张。既然自己没有那么多胃，一口吃不了胖子，还是顺应事物的发展规律，一步一个脚印地往前摸着走，千万别盲目乱跑。市场若不买账了，一圈跑下来非得掉十几斤肉不可——没利润不说，连一些积蓄都搭上了，悔之晚矣。

▌ 不要犯急功近利的"短视病"

公司经营的目标是利润，但利润也是有陷阱的，尤其是短期利润的诱惑，常常会使公司丧失了获得长期利润的源泉。对短期利润的追逐会使公司的有限资源越摊越薄，造成人、财、物的极大消耗。

小公司应当根据本公司的实际情况来制订利润计划，而不是盲目、贪婪地去追求毫无价值的"利润极大化"。过高地追求利润，将会把公司带进冒进、疯狂的陷阱。这是小公司管理者在经营公司的过程中要牢牢记取的一点。

1994年，孙宏斌在天津成立顺驰销售代理公司，主要从事房地产中介业务，一年后将业务范围扩展到房地产开发。2002年顺驰首次异地开发房地产，由此进入快速发展阶段。2003年9月，顺驰在上海、苏州、石家庄、武汉等地获取项目，迈出其全国化战略的坚实一步；同年10月，第一个异地项目——"顺驰·林溪乡村别墅"在北京正式亮相；同年12月，顺驰取得了北京大兴黄村卫星城1号地的开发权。2004年，顺驰实现了100亿元的销售目标，储备的土地面积达1200万平方米，员工急剧膨胀到8000人，同时开发了35个项目。短短10年间，顺驰已发展成为中国房地产行业中极具影响力的公司，累计操作房地产项目57个，销售面积近500万平方米，累计实现销售收入近200亿元。

但顺驰良好的发展势头并没有持续太久。2004年的疯狂扩张导致其2005年的销售收入必须达到100亿元才能弥补现金流不足。不幸的是，2005年顺驰只有80亿元的现金回款，资金链迅速紧张。与此同时，国务院为控制日益高涨的房价出台了一系列宏观调控政策，顺驰重点投资的华东地区深受调控影响。其中，华东的重点项目苏州凤凰城的销售骤然下跌，每个月2亿元的销售任务几乎没有实现过，最差时每个月只能完成1000多万元，欠苏州政府的土地款高达10亿元。

面对日益恶化的形势，顺驰开始自救。2005年11月，顺驰大规模裁员了20%，员工工资也改为一个季度发放一次。即便如此，也没能缓解顺驰资金紧张的局面。2006年3月，孙宏斌在重新担任顺驰董事局主席后，立即改变顺驰的管理框架，撤掉了各个区域的分公司，并再一次大规模裁员，同时将一些项目转让给合作伙伴，以获取资金。

在遭遇资金链困境时，顺驰谋求的多渠道融资进展也不顺利。2003年10月，顺驰开始谋求上市，并于2004年2月与汇丰签订上市保荐人协议。2005年上半年，顺驰通过香港联交所聆讯准备上市，但最终因市盈率过低，即使上市也无法实现募集资金的目的而放弃。上市失利后，孙宏斌又加紧在国内外进行私募。2005年10月19日，摩根士丹利因无法接受顺驰利润率过低而放弃对其投资。此后顺驰所进行的各种募集资金办法也都不了了之。2006年9月5日，顺驰中国控股有限公司与香港上市公司路劲基建有限公司在香港正式签约，以人民币12.8亿元出让其55%的股权；2007年1月23日，路劲基建有限公司宣布再投13亿元收购顺驰近40%的股权，从而持有顺驰近95%的股权，而孙宏斌仅持5%的股权，曾经辉煌的顺驰神话最终破灭。

在公司取得一定成绩、在被鲜花和掌声包围后，很多公司领导者都开始沾沾自喜、洋洋得意，这个时候就容易犯急功近利的错误，盲目扩张，以致给公司带来空难性的后果。顺驰扩张失败的案例给所有公司管理者上了一堂深刻的课。

"稳胜求实，少用奇谋"是一代中兴名将曾国藩多年实战经验的总结，做公司也是如此。公司生存的根本是基础实力，公司管理者要有长远策略，一步一步、一个阶段一个阶段地发展。贪多嚼不烂，要想发展壮大，稳胜求实方为正道。一味地追求利润，只会掉进深渊。

打牢基础，稳中求胜，摆脱短期利润的诱惑，以长远利润为目标，追求公司的长远发展，只有这样，小公司才能长盛不衰。

� 小公司要提防"大公司病"

2002年岁末，法国时装设计大师皮尔·卡丹，邀请文化艺术界名流

1000人，在卡丹艺术中心举办慈善音乐会，随后在马克西姆餐厅举办大型招待晚宴。法国《费加罗报》认为，在某种意义上来讲，这是卡丹的告别活动，因为第二天他就着手处理出售其部分公司。

卡丹在时装界拼搏了半个世纪，靠勤奋和天赋在竞争激烈的时装之都巴黎站稳了脚跟，成为时装设计的一代宗师。借助在时装业取得的成功，卡丹迅速扩展事业，建立起一个由24个公司组成的"帝国"。"帝国"的结构是金字塔形的，以时装业和香水业为基础，还包括旅馆业、餐饮业、房地产业等众多公司。卡丹以他的名字作产品的牌子，产生了神奇的效应，财富滚滚而来。据法国经济杂志《挑战》报道，卡丹的资产达6亿欧元，法国富人排行榜第44位。卡丹的私宅和总统府爱丽舍宫相邻，他曾说："我的卧室朝着希拉克的卧室，早晨我们可以隔着窗户打招呼。"

年满80岁的卡丹未能在功成名就之时安享晚年，反而加倍操劳，因为他的一些公司经营不佳，卡丹"帝国"出现了裂缝。2001年，卡丹艺术中心亏损10万欧元，卡丹出版社亏损19万欧元，马克西姆连锁餐厅亏损600万欧元……这一年，公司的总负债额达6900万欧元，自有资产减少了2870万欧元。

除了负债额上升，卡丹内心还有更深的忧虑，那就是以其名字命名的品牌效应在下降。欧洲研究市场营销的权威机构的一项研究表明，从1999年到2001年，卡丹品牌的信誉度下降了7个百分点，从62%下降到55%。法国媒体认为这种情况出现的主要原因是他的名字过于商业化。卡丹大量出售生产和经营许可证，借此收费。以服装生产为例，每出售一张许可证，他从该转包商的营业额中提取8%～12%的品牌使用费。卡丹也许是世界上最充分发掘自己名字价值的企业家。世界上有900个转包商在生产"皮尔·卡丹牌"产品，越南、中国、白俄罗斯等全世界150个国家都设有"卡丹工厂"。

卡丹深知卖出了牌子就要保住品牌的声誉，他一年四季不停地到各国的"卡丹工厂"进行监控，他时常组织转包商聚会，联络感情，也曾为某些产品不达标而大发雷霆。但卡丹的摊子铺得太大、太分散了，900个转包商中难免会掺杂少数素质较差、不善于经营的人，卡丹经常会留下鞭长莫及的遗憾。

经营管理公司，小有小的好处，大有大的难处。公司在做大过程中，难免会出现管理瓶颈，产生一系列的问题，让公司不堪重荷，再也无力迈出前进的一步。公司在实现规模经济时，一定要提防"大公司病"。在做大过程中，要注意。

（1）不能为了做大而做大。

（2）对做大后的管理难题要有充分认识，做好应对准备。

（3）谨慎行事，缓慢发展，不可一口吃个胖子。

▌ 将小舢板绑成航空母舰是"穷折腾"

小孩子在走路刚稳一点时就想大步横行甚至想跑步，那么就会跌到。同样地，小公司刚刚站稳脚跟，经营有些起色，就想大肆扩张，四处出击，就会垮台。

一些小公司的管理者往往被初次的成功冲昏头脑，野心膨胀，不顾一切地进行扩张，希图将小舢板绑成航空母舰，结果常常是事与愿违，不仅航空母舰没的造成，小舢板也被折腾得支离破碎，最终在商海中沉没。

在分析中国公司多元化现象时，经济学家钟朋荣指出，他们主要受三种思想的影响：一是经营某几种产品同时获得成功，就误认为扩张是公司的成功之道；二是看到别的行业赚钱，就见异思迁，恨不得这个世界上的钱都赚到手；三是自己取得一点成就，就过分地夸大自己的能量，以为自己无往不胜，进入哪个行业都能取得成功。

对此，万科前董事长王石曾有感而发："缺钱对民营公司并非坏事，因为资金有限，不允许你盲目投资，不允许你犯大错误。如果你的战略目标不清楚，又没有控制能力，钱多了反而是坏事。我常对那些为缺钱而发愁的公司说，恭喜你啊！你犯不了大错误。"

三株集团总裁吴炳新先生曾语重心长地说："不该挣的钱别去挣，天底下黄金铺地，不可能通吃。这个世界诱惑太多了，但能克制欲望的人却不多。"话说得虽好，可他自己反而成了中国企业家中因"超常规扩张"而失误的典型。

在不少民营公司的自我描述中，充斥着"大王""全国最大""全球首创"等夸张的语言。这正是民营公司主好大喜功的表现，并由此形成了中国独有的"行业排行榜"现象，大家互相攀比、争相花钱求"名"。其结果必然是毁了自己的根基，毁了自己的声誉，毁了自己的公司。

许多管理者在成功和吹捧面前难以自持，首先是因为对正常的利润和发展步伐已索然无味，其次就是在特殊条件下轻易获得的成功使他们相信自己无所不能。这些管理者对财富的追逐、对成功的期盼毫无节制，热衷于扩大规模和进行多元化。

其实，管理者有扩张情结是正常的，但是在条件不成熟、时机不成熟，尤其是当公司还是小舢板的时候，就妄图将其捆绑成航空母舰，则无疑是不切实际的。这样就必然会犯错误，带有较强的风险性和不确定性，使公司经营受挫，大伤元气。严重的会造成致命的影响，使公司在创业初期苦心经营的成果毁于一旦。

每一个经营公司的管理者都难免会有扩张情结，中外的管理者人无不如此。在所有决策失败的层面中，也只有这一点是中外企业家最为相像的。所不同的是，国外的企业家可能比中国公司家更冷静一些、更有节制。在这一点上，中国的小公司管理者应当多向国外的公司管理者学习。

▌ 一砖一石垒造公司的大厦

马云曾说："有的公司希望一上手就迅速做大做强，这是不明智的。公司要想发展，首先的想法是做好，而不是做大。"一口吃成胖子的做法是不切实际的，任何商业帝国的大厦都起源于一砖一石的积累。

经营公司，管理者要自始至终把握好以下几大准则。

1. 降低贪欲，专注经营

在商业中没有什么是必然的。如果孙宏斌满足于在天津城里当地产大王，如果戴国芳不去长江边建他的大钢厂，如果宋如华专心经营一个软件园，如果顾雏军买进科龙后再不从事其他收购，如果唐万新就只专注于他的"三驾马车"，那么也许所有的败局都不会发生。

管理者要降低贪欲，沉下心来专注公司的经营，打好公司的基石。步子只有走得坚实，才会留下脚印；公司基础只有打牢，才能在市场中立足并得以壮大。

2. 远离诱惑，脚踏实地

这个时代给予人们太多的诱惑与想象空间，它让每个人都梦想自己在一夜之间能成为一个超越平凡的人。如果说跨越式的成长是中国公司勇于选择的道路的话，那么，如何在这样的过程中尽可能地规避及消解所有的危机，则是一个十分迫切而必要的命题。因此，公司管理者在经营过程中，要远离诱惑，脚踏实地，走好公司发展中的每一步，杜绝公司成长过程中的一切隐患。

3. 量力而行，不跃进

过度膨胀，自己把自己胀死了；爬得越高，摔得越惨；做得太多和做得太快，导致在商场博弈中一败涂地。这些教训值得我们牢记。公司扩张要量力而行，一定要避免跃进式的做法，否则将会给公司带来灾难性的影响。

任何超出能力极限的欲望，都将引发可怕的后果。作为小公司的管理者，一定要分清楚梦想和实际，千万不能做超出实际的白日梦。

▌ 打"持久战"，而非"闪电战"

很多小公司的管理者都有急功近利的思想，希图在公司创立伊始就能获得突飞猛进的发展，将公司做大、做强，在市场上赚个盆满钵溢。然而，恰恰是管理者的这种想法给公司埋下失败的隐患。

急功近利即只考虑眼前利益，深谋远虑则思考问题周密细致，并会考虑相应的对策。如果管理者在公司战略上目光短浅，过于急功近利，对公司发展没有长远眼界，将导致日后公司在市场竞争中处于被动地位，落入下风。

一些轰轰烈烈的公司总指望以小的代价在短时间内获取大的利润，而不去研究得失，更没有兴趣培养核心竞争力。强大短命型公司是激素催化的巨人，如巨人、三株、爱多、南德等。激素使其快速长大，以致公司基因不良。所以，公司经营要打"持久战"，而非"闪电战"。

管理者要避免发展过程中存在急功近利的心态，可以这样做。

1. 不好高骛远

管理者不能只看到眼前的比较直接的"小利益"，患了"短视"病，而应把眼光放长远一些。看清公司将来的前景，坚定不移、稳步地实施经营计划，就能发掘到比较隐蔽的"大利益"。

2. 不搞盲目多元化

贪大求快，多元经营，行业不关联，金融和实业不互补，就会出现互相冲突、资金链断裂的情况，最终变成"企图做大因难产而死"的结局。

3. 不盲目求快求全、不追求"形象工程"

求快、求全，喜欢追求"形象工程"，这种做法是公司发展到一定程度时却轰然倒塌的原因。而谨慎和务实的做法，可以降低投资的风险，更有利于在技术和市场上取得双赢。

欲速则不达，稳步发展才是硬道理。盲目追求"速度"，往往事与愿违，得不偿失，事物的发展都有轻重缓急和主次之分，违背客观发展规律、盲目攀比、就很可能犯下严重的错误。

小公司的管理者要加强自身商业素质，不要只看到当下，凡事决策上以长远眼光考虑事情。

▰ 打好根基，让"飞轮"转起来

如果你想使静止的飞轮转动起来，一开始必须使很大的力气，一圈一圈反复地推，每转一圈都很费力，但是每一圈的努力都不会白费，飞轮会转动得越来越快。达到某一临界点后，飞轮的重力和冲力会成为推动力的一部分。这时，你无须再费更大的力气，飞轮依旧会快速转动，而且不停地转动。这就是管理学上著名的"飞轮效应"。

飞轮效应启示管理者：经营公司，在开始时必须付出艰巨的努力，打好基础，才能使你的公司之轮逐渐转动起来，从而走上平稳发展的快车道。

第九章　长青术：不求世界百强，只求百年老店

1965年，美国纽可公司开始推动飞轮，起初只试图避免踏上破产的命运，后来则因为找不到可靠的供应商，而开始建立起第一座自己的钢铁厂。

纽可的员工发现，他们有办法把钢铁炼制得比别人好，也比别人便宜，因此两年后又建了两座迷你炼钢厂，接着又建了三座钢厂。开始有客户向他们采购，然后又有更多的客户上门！一圈又一圈，年复一年，飞轮累积了充足的动力。

1975年左右，纽可人猛然醒悟，如果他们一直推动飞轮，纽可将可成为美国排名第一、获利率最高的钢铁公司。波尔曼解释：还记得1975年有一次我和艾弗森谈话的时候，他说："波尔曼，我想我们应该可以成为美国排名第一的钢铁公司。"我问他："那么，你打算什么时候成为全美第一？"他说："我不知道。但是只要我们继续做我们目前在做的事情，我看不出有什么理由我们不能成为全美第一？"尽管花了20年才达到这个目标，但是纽可一直努力不懈地推动飞轮，终于成为《财星》一千大公司排行榜上最会赚钱的钢铁公司。

经营公司，必须要脚踏实地地做好基础工作，打好根基，才能够为以后的发展提供有效的保障。就像我们不管怎样使力，都必须让飞轮主受力方向与它转动的方向一致才可以达到它转动的目的。当公司做好所有准备后，获得的将是日后长足的发展。

克罗格公司的总裁、著名管理专家吉姆·柯林斯，就是运用飞轮效应让公司的5万员工接受他的改革方案的。他没有试图一蹴而就，也没有打算用煽情的演讲打动员工。他的做法是组建一个高效的团队"慢慢地但坚持不懈地转动飞轮"———用实实在在的业绩来证明他的方案是可行的，

也是会带来效益的。

员工看到了吉姆的成绩,越来越多的人对改革充满信心,他们以实实在在的行动为改革做贡献,到了某一时刻,公司这个飞轮就基本上能自己转动了。

此后,吉姆·柯林斯调查了1435家大公司的名单,经过调查、比较、研究,吉姆吃惊地发现:在从优秀公司到伟大公司的转变过程中,根本没有什么"神奇时刻",成功的唯一道路就是清晰的思路、坚定的行动,而不是所谓的灵感。

飞轮效应告诉我们一个公司从优秀到卓越的转变过程。对于一家小公司来说,一切成绩的取得离不开长期的积累和坚持不懈的努力。成功之路,贵在坚持。公司要成功,就要一步一个脚印,慢慢地、坚持不懈地转动"飞轮"。

▶ 把公司做小,把利润做大

时下,"把公司做大"的呼声甚嚣尘上,无论走到哪里,我们都能听到创业者"把公司做大""争做行业老大""把公司打造成同行的领军公司""几年公司要进入行业前十名"等类似的说法。"把公司做大"的观念在管理者的头脑中根深蒂固,贪大求全是商界最普遍的现象。

殊不知，随着市场竞争加剧，成长空间与先发优势耗尽，公司就会开始走下坡路，这是目前众多小公司所面临的困境。

当然，并不是说追求经营规模的扩张是错误的，而只是在强调当前经济环境已经发生了重大变化，经营者应该采用更符合当下实际情况的经营模式。

在如今全球性的经济不景气的大环境中，盲目地实行扩张战略只会使公司陷入疲软。近年不断出现的倒闭潮、裁员潮等现象，其实也正说明了"把公司做大"的经营方针对很多公司来说是错误的。

在当前的市场环境里，管理者要学会把公司做小、做精，把经营重点放在自己占优势的渠道和产品上，才能更长久地占有核心竞争力。

如果用减肥来比喻，那就是说公司的目标并不是成为"满身赘肉、大规模却不盈利的公司"，而是要成为"肌肉多的、健康型高盈利公司"。说得更具体些就是，"不要勉强增加员工人数，而要提高营业额、组建高盈利公司"。

对于小公司的管理者来说，首先考虑的不是"努力将公司做大"，而是努力创立"规模小盈利高的公司"，创立"让员工、管理层、经营者都能有丰富收获的公司"。

东京通信工业（索尼的前身）创立之初起草的"东京通信工业株式会社成立宣言"，曾经是闻名于世的最理想的公司精神。这份成立宣言写于第二次世界大战结束后的第二年，即1946年。当时，"保持公司的小巧灵活"这种精神正盛行于"二战"后日本的"制造工厂"中，并有效地推动了经济的高速发展。

把公司做小、做精，可以聚焦能量，在自身擅长的领域实现长远发展和突破，可以让公司摆脱成本经营和价格竞争的困境，建立以能力为基础的长远竞争力。

那么对于小公司的管理者来说，如何才能做到把公司做小，把利润做大？这里有几点建议以供参考。

1. 重管理，轻规模

人们对公司实力直观简单的判定，就是看公司经营的规模和大小，真正能够重视公司人员和团队的管理并不多，很多管理者宁愿花几百万元盖一个库房，也不愿意引进一些先进的管理工具和思路。重规模，轻管理，就会造成公司经营的混乱，使很多经营环节脱节，人心浮动，效率低下，这一种舍本逐末的做法。所以管理者要改变思路，要重管理，轻规模，只有将管理工作做扎实、做到位了，其他的一切问题都将迎刃而解。

2. 重人才，轻资产

无论对于哪一类型的公司来说，优秀人才的引进、任用和培养应该是公司发展中的当务之急。很多小公司的管理者局限于自身公司的属性，往往对人才的使用、培养、晋升和团队的管理等一系列问题不加重视。有的管理者宁愿自己再换一辆高档点的车，也不愿意请一个职业经理人或给员工创造一次正规培训的机会。其实优秀的人才和强大的团队才是公司的核心力量。管理者要轻资产、重人才，实施"人才兴企"战略，公司才能够得到振兴，才能发展。

3. 重效率，轻速度

小公司想要在市场的竞争中站稳脚跟并胜出，就必须在效率上领先于大公司，而不能片面追求发展的速度，不然就会出现后劲不足的窘况，面临被淘汰的危险。比如缩短生产周期，提高产品质量，在服务上做得比大竞争对手好一点，信息的掌握和反击的速度再比对手快一点。只有这样，小公司才能获得竞争优势，才能不断地拓展生存空间。

� 不背包袱，不扛大旗，稳步前进

急功近利，急躁冒进，功利意识过强，喜欢搞花架子，沉不下心做公司细节工作，产品重数量轻质量，这是时下很多公司的做法。

相比一些公司普遍存在的功利意识过浓、文化底蕴不足、急功近利的浮躁心态，美的则采取了"不背包袱，不扛大旗，稳步前进"的做法，可以说是反其道而取胜的榜样。

1. 低调务实，脚踏实地

美的既不想获得政治荣誉，不想树典型、被标榜，也不想要虚名，美的关心的是赚钱，所以很务实。在"少说、多做、悄悄干"原则的指引下，美的不仅很少被媒体追踪，甚至连扩大公司知名度的宣传造势也很少涉足。

2. 戒骄戒躁、求实创新

美的成绩的背后，是美的人埋头苦干的务实心态，也正是这样的心态成就了美的。

3. 充分尊重顾客的利益，不乱吹、不乱讲

这是最基本的营销道德观。美的用成果证明，成功地击破一些公司的浮躁、急功近利、好高骛远的软肋。

4. 在品牌传播上坚持自己的风格

美的在传播形式上并不搞铺天盖地的广告战和视觉冲击，而是将重点放在店面设计上。而追求品位，不搞低俗化、庸俗化，是美的的精神所在。

5. 冷静和理智的态度看市场

绝不谋求边界外的任何东西，不去做超出能力的任何事情。不背包袱，不扛大旗，不冒进，量力而行。

小公司的管理者要以美的为榜样，无论是在创办公司初期，还是在经营公司的过程中，都要一步一个脚印地踏实前进、稳扎稳打，量力而行。这些都是成功的必要条件。只有稳，才能长久；只有稳，才能越走越远。这是小公司在竞争激烈的市场中得以生存并能长久发展的不二法门。

▶ 不求世界百强，只求百年老店

假如有"让自己的公司成为一只兔子，还是一只乌龟"这个问题，要让中国的公司家做出选择，很多公司家会选择做兔子，"快"几乎成了这个社会的"通行证"。"中国公司离世界500强还有多远""中国有哪些

公司能进入世界500强"成了很多人关注的热点。在这种思想的指引下，很多公司不停地扩张，它们不约而同地走上盲目"做加法"之路。比如，有规模的扩张、有经营产品的扩张、有跨产业的扩张、有公司资产的扩张等。

然而，综观世界，当浮躁的中国公司都在争做500强的时候，那些成熟的国际一流公司想的是"争活500年"。对于那些成熟的国际一流公司来说，做"长寿的乌龟"是它们共同的选择。因为它们深知"走得远比走得快重要"，所以他们管理公司的理念之一是：不求百强，只求百年。其中尤为突出的是德国公司。它们规模不大，数量很多，几代人专注于一个产业，不事张扬，做"隐形冠军"。

20世纪末，王中旺创建了河北中旺食品有限公司，也就是中旺集团的前身。2004年，王中旺决定实现产品从中低端向高端的扩张和延伸，当年10月，五谷道场注册成立。

2005年年初，为了打造自己的高端品牌，同时也为了有别于康师傅等方便面巨头，五谷道场在品牌价值上出奇制胜，"拒绝油炸、留住健康""非油炸、更健康"等概念被迅速推出。因为当时油炸食品致癌风波闹得正欢，已经让消费者颇感恐慌，所以五谷道场的横空出世可谓恰逢其时，自然在市场上引起强大的震动。

似乎一夜之间，《大宅门》中白七爷扮相者陈宝国代言的五谷道场"非油炸"广告开始在央视和地方电视台及各类平面媒体上狂轰滥炸，五谷道场开始红遍中国，上市当月即获得600万元的销售额，之后一路增长，市场一天比一天好。半年后，五谷道场的市场在全国铺开，每月回款达3000万元左右。当时，公司上下无不陶醉在差异化的胜利中。

在五谷道场的强烈攻势下，2006年，方便面行业销售额下挫60亿元。面对大好形势，五谷道场不断扩大销售队伍，增加产能，加大广告投入，并且同时在全国30多个城市设立办事机构，半年内员工数量曾一度扩展到2000多人。原本仅有几十个人的北京本部，居然在很短的时间内建立起一支近千人的销售团队。

但这时的五谷道场已经埋下隐患。五谷道场的财务控制过于粗放，严重透支了公司资源。"我们是中型公司在做大型公司的事情。"就连掌舵人王中旺也曾承认，"我们已经投资了4.7亿元，仅广告费就支出1.7亿元。"真正形成现金流的只有3亿元，这使五谷道场的现金流开始吃紧。2007年中期，五谷道场在全国各地超市相继出现断货现象，五谷道场这个品牌逐步退出市场，中旺集团只好咽下失败的苦水。

中国30多年来的改革开放、不成熟和不规范的特殊市场经济环境，造就了一批天不怕、地不怕的民营企业家。很多人奇迹般地功成名就，在他们风光的年月，公司资产都是几十倍、几百倍地增长，上演了麻雀变成凤凰的神话。那些企业家对财富的追逐、对成功的渴望是毫无止境的，在特殊条件下轻易获得成功，使他们相信自己无所不能，并在"做大做强"的口号中迷失方向，因而毫无例外地对扩大规模有着特殊的偏好。

中国有句古话叫"欲速则不达"。虽然加快发展是每一个民营公司追求的目标，但是如果缺乏理性的态度，以浮躁的大踏步思维来拔苗助长，那就需要反思了。

对每一个公司来说，它的成长都有其独有的客观规律，必须尊重而不能超越。如果心浮气躁、盲目求快，或许可以一时声名鹊起、利涌如潮，但终会因资金实力、内部管理等因素，把公司弄得千疮百孔。因此，要想使公司在竞争中永远立于不败之地，就得扎扎实实、一步一个脚印地前进。

急躁冒进是小公司管理者最容易犯的错误。不求百强，只求百年，克制急躁情绪，以理智、冷静的心态和长远的眼光来经营公司，应该是立志成为企业家的每一个小公司管理者必修的基本功。